Cultura e comunicação

FUNDAÇÃO EDITORA DA UNESP

Presidente do Conselho Curador
Mário Sérgio Vasconcelos

Diretor-Presidente
José Castilho Marques Neto

Editor-Executivo
Jézio Hernani Bomfim Gutierre

Superintendente Administrativo e Financeiro
William de Souza Agostinho

Assessores Editoriais
João Luís Ceccantini
Maria Candida Soares Del Masso

Conselho Editorial Acadêmico
Áureo Busetto
Carlos Magno Castelo Branco Fortaleza
Elisabete Maniglia
Henrique Nunes de Oliveira
João Francisco Galera Monico
José Leonardo do Nascimento
Lourenço Chacon Jurado Filho
Maria de Lourdes Ortiz Gandini Baldan
Paula da Cruz Landim
Rogério Rosenfeld

Editores-Assistentes
Anderson Nobara
Jorge Pereira Filho
Leandro Rodrigues

Jean Caune

Cultura e comunicação
convergências teóricas e lugares de mediação

Tradução
Laan Mendes de Barros

© 2006 Presses universitaires de Grenoble
© 2012 Editora Unesp

Título original: *Culture et communication –
convergences théoriques et lieux de médiation* [2.ed.]

Fundação Editora da Unesp (FEU)
Praça da Sé, 108
01001-900 – São Paulo – SP
Tel.: (0xx11) 3242-7171
Fax: (0xx11) 3242-7172
www.editoraunesp.com.br
www.livrariaunesp.com.br
feu@editora.unesp.br

CIP – Brasil. Catalogação na publicação
Sindicato Nacional dos Editores de Livros, RJ

C362c
Caune, Jean
   Cultura e comunicação: convergências teóricas e lugares de mediação / Jean Caune; tradução Laan Mendes de Barros. – 1. ed. – São Paulo: Editora Unesp, 2014.

   Tradução de: Culture e communication
   ISBN 978-85-393-0516-2

   1. Comunicação e cultura – Aspectos sociais. 2. Teoria da comunicação. I. Título.

14-10571   CDD: 302
                                                             CDU: 316.77

Editora afiliada:

Sumário

PREFÁCIO À EDIÇÃO DE 2006 VII

INTRODUÇÃO 1

1. Referências e cruzamentos teóricos 7
2. A linguagem como fenômeno cultural 21
3. Cultura é comunicação 39
4. Compreensão da cultura. Significação da comunicação 59
5. Cultura: uma mediação indivíduo-manifestação-mundo 77
6. A cultura científica e técnica na era da informação,
   da comunicação e do conhecimento 91
7. A arte do ponto de vista da comunicação 109

CONCLUSÃO 127

REFERÊNCIAS BIBLIOGRÁFICAS 131

ÍNDICE ONOMÁSTICO 139

ÍNDICE REMISSIVO 143

Nota da Edição: Optou-se, nesta edição brasileira, por suprimir o capítulo 6 do original – "Les espaces de la culture et de la communication". Em diálogo com o autor, concluiu-se que a seção versava sobre temas excessivamente locais, restritos à realidade francesa.

Prefácio à edição de 2006

Desde a publicação da primeira edição desta obra, há mais de dez anos,[1] as áreas de ação e de estudo da comunicação e da cultura experimentaram profundas transformações. As tendências que já se mostravam perceptíveis desde os anos 1980 – tais como a convergência entre a informática, o audiovisual e as telecomunicações; a industrialização e a globalização das organizações produtoras de conteúdo; e a utilização de manifestações culturais nas estratégias de comunicação institucional – deram maior amplitude às articulações entre os fenômenos de comunicação e os culturais.

A dimensão coletiva da cultura se manifesta primeiro no contexto das práticas culturais, tal como elas se apresentam no espaço público. Este último é uma formação histórica que, nas sociedades ocidentais, é constituída a partir da difusão pública da Razão (Habermas, 1978). A liberdade de imprensa e de reunião, somada à existência de associações comunitárias e instituições políticas representativas, permitiram que a mediação entre a sociedade e o Estado se desenvolvesse sob a forma de uma "opinião pública". Esta, como conceito e como fato social, integra informações transmitidas e refletidas que se transformam em esquemas de comportamentos e de juízo. Durante a segunda metade do século XX, os fatos culturais e os fatos de comunicação,

---

1 A primeira edição deste livro data de 1995. (N. T.)

VII

concretizados por meio de comportamentos, relações interpessoais, produtos e instituições, converteram-se em elementos específicos do desenvolvimento econômico. Esses fatos se constituem em lugares particulares de exercício do poder (as mídias) e fazem emergir práticas profissionais especializadas.

Hoje, em uma sociedade entregue às exigências do imediatismo e da eficácia, as técnicas de comunicação visam à mobilização dos comportamentos na perspectiva de criar reflexos sociais condicionados. O reinado da opinião pública, como Habermas o previa, corre o risco de se transformar em um consenso fabricado para a aclamação do público. Entretanto, numerosas práticas culturais escapam dessa determinação, uma vez que novas mediações constroem vínculos entre o sujeito de enunciação [*sujet de parole*] e a sociedade.

Os discursos institucionais concebem, frequentemente, a comunicação como uma ferramenta em um mundo onde as coisas parecem ter perdido os vínculos de pertencimento. O indivíduo é, então, convocado essencialmente como um agente ou receptor de uma ação racional definida pela realização de um objetivo. É verdade que o ser humano "sem qualificação", o homem ordinário, é levado em consideração, mas ele é visto sobretudo como objeto de desejo, alvo de processos e dispositivos que transmitem mensagens destinadas a serem assimiladas no âmbito do imediatismo, em meio a uma pretensa transparência. Eleitor sondado, consumidor testado, morador consultado: tudo parece posto em marcha para conectar os cidadãos aos lugares de decisão e inseri-los em uma esfera de proximidade desenhada por aqueles que decidem. É nesse mesmo âmbito que reside uma profunda ambiguidade: enquanto os fenômenos de cultura e de comunicação se superpõem cada vez mais, uma boa parte da comunicação institucional negligencia o contexto de recepção e o horizonte de expectativa daqueles a quem ela se dirige. Em outras palavras, a comunicação se apresenta como um objeto neutro, como pura transferência de informação, indiferente ao tempo e ao espaço de apropriação dos destinatários. Vistos assim, esses processos de comunicação social geralmente ocultam aquilo que constrói o vínculo social: o pertencimento a uma comunidade de cultura, que está constituída não somente de signos transmitidos e partilhados, mas também de ações de fala.

VIII

Cultura e comunicação

A visibilidade do campo da comunicação se manifesta nas técnicas, nas formações profissionais e nas disciplinas universitárias. Nenhuma instituição política, administrativa ou educativa, nenhuma atividade coletiva pode se esquivar das técnicas de comunicação (relacionamento, fazer saber, relações públicas) nos processos de construção da sua identidade cultural. Esse fenômeno em expansão, que se manifesta nos diversos dispositivos e suportes, não é resultado, apenas, do avanço das tecnologias digitais de comunicação. Ele também reside na necessidade cada vez maior de legitimação que as instituições têm diante de seus públicos, os quais se apresentam, por sua vez, mais e mais segmentados. As profundas transformações que afetam o conjunto de mediações entre, de um lado, as instituições políticas, sociais e culturais e, de outro, os cidadãos não são estranhas a essa proliferação das comunicações institucionais. Ao mesmo tempo, as mesmas instituições estão obrigadas, pelas mesmas razões, a tornar coerentes as suas identidades e as imagens que elas mesmas procuram difundir. E é por meio do processo de constituição de uma cultura singular que essa coerência pode se manifestar.

Decidi enfatizar nesta nova edição algo que não me parecia suficientemente destacado na primeira versão deste livro, a saber, as mudanças socioculturais que marcaram a passagem do século XX ao século XXI e que explicam, de alguma maneira, a convergência entre fatos de comunicação e culturais. Mais explicitamente do que havia feito na edição anterior, quis me apoiar nos trabalhos das ciências da informação e da comunicação (SIC).[2]

Para além de sua capacidade de questionar os discursos sobre a comunicação, as SIC podem ser colocadas à prova para descrever e oferecer modelos de compreensão dos fenômenos culturais. O campo da cultura – extensivo, ambíguo e polêmico – deve ser esclarecido, tanto em seus elementos constitutivos e em suas relações quanto em suas formas e seus processos. O benefício teórico esperado deve vir de uma compreensão do fato cultural como "fato social total", no sentido dado por Marcel Mauss em 1923, a propósito da "teoria da dádiva" (1973).

---

2 Optou-se por manter nesta tradução o acrônimo SIC para se referir às ciências da informação e da comunicação – *sciences de l'information et de la comunication*, em francês –, em razão de seu uso corrente por parte dos pesquisadores da área da Comunicação. (N. T.)

IX

Com efeito, o fenômeno cultural não poderia ser compreendido apenas pela justaposição entre as condições sociais que o determinam e os processos psíquicos e simbólicos que lhe dão uma significação coletiva. A cultura não existe como fato total a não ser por conta de sua manifestação como expressão de uma experiência individual, na qual se combinam o psiquismo e a corporeidade, os signos e os comportamentos, os valores e as normas. A apreensão da cultura pelos aportes das SIC – como uma ordem social que apela mais à expectativa do que à coação, que modela o universo de significações que cada um pode construir em favor das suas relações com os outros e que organiza as práticas interpessoais pela mediação de suportes técnicos – pode conduzir ao esclarecimento do "instante fugidio no qual a sociedade toma corpo". Nesta nova edição, quis insistir sobre a dimensão cultural da comunicação: é por isso que decidi apresentar as contribuições da sociologia anglo-saxônica, que concebe a comunicação como a construção e manutenção de uma ordem significante sobre o plano cultural. Em particular, no Capítulo 2, almejei demonstrar a vinculação entre o pensamento pragmático do filósofo norte-americano John Dewey e a Escola Sociológica de Chicago, além dos sociólogos que são seus herdeiros. Essa dimensão cultural nada mais é do que levar em conta o processo simbólico pelo qual a realidade se constrói, se sustenta e se transforma (Bateson, 1977; Turner, 1982; Carey, 1989).

Há dez anos a temática da mediação cultural substituiu a da transparência, da eficácia técnica, da digitalização de dados, da modelização e da programação. A mediação cultural é bem mais do que uma organização das formas da cultura e da comunicação: ela é a estetização de apresentações, de atividades ou de representações, que têm materialidade de significantes e manifestações e que constroem um sentimento de pertencimento em um contexto de referência.

As formas da mediação cultural se fundam, em primeiro lugar, sobre atos de enunciação que se inscrevem em espaços ou suportes destinados a estabelecer vínculos entre a palavra viva, o passado do qual ela tira a sua memória e o futuro que ela contribui a construir. Para dizê-lo em outras palavras, a perspectiva da mediação cultural, sob a forma que ela foi abordada, na sua problemática e as suas referências, no quadro das SIC, parece conjugar as relações entre o ponto de vista cultural e o ponto de vista comunicacional (Caune, 1999; Davallon,

2000; Lamizet, 1999...). Esse esclarecimento visa dar à noção de comunicação um sentido pleno. Contrariamente ao que propõe Régis Debray, eu não estabeleço distinção de essência entre transmissão e comunicação: a primeira é, a seu ver, transporte no tempo; a segunda, transporte no espaço (Debray, 1997).

Não se trata, é claro, de um debate terminológico, mas de uma divergência teórica. Como mostrarei em referência a um bom número de trabalhos sobre os fenômenos comunicacionais, tal como estes se concretizam nas práticas culturais (estéticas, de museus, artísticas), a comunicação é também uma relação no tempo. E isso ocorre por três razões fundamentais:

A primeira está ligada à própria natureza do fenômeno da comunicação: seu tempo não se limita ao tempo quantificável da difusão da mensagem (tempo técnico). O tempo da comunicação é também o tempo incorporado na produção da mensagem (tempo social) e o tempo que condiciona a recepção e a apropriação da mensagem (tempo cultural).

A segunda é de natureza mais antropológica: diz respeito à apreensão do tempo. Ela é da ordem da experiência humana comum. O tempo é alguma coisa determinada em função das tarefas específicas dos seres humanos: é uma instituição simbólica, amplamente determinada pelos meios de comunicação dominantes de uma época.

Por fim, a consciência do tempo nos é transmitida pelas modalidades de representação que nos propõem as formas artísticas (Caune, 1997). O tempo é aquilo que se compartilha a partir da enunciação e a recepção de uma narrativa (Ricoeur, 1983).

Esse enquadramento dos fenômenos de cultura e de comunicação, no interior de uma corrente de pensamento teórico, levou-me a modificar um pouco a organização da obra e a elaboração de exemplos. No que diz respeito ao primeiro ponto, optei por introduzir esta nova edição por meio de um primeiro capítulo que coloca os elementos comuns entre cultura e comunicação, a partir de um ponto de vista epistemológico. Quanto ao segundo ponto, decidi completar a descrição de certos campos singulares nos quais a cultura e a comunicação se entrelaçam, dando menos importância à cultura empresarial e destacando um fenômeno que adquire uma importância cada vez maior na nossa *Sociedade do risco* (Beck, 2001), que é o fenômeno

Jean Caune

da cultura científica e técnica. Finalmente, resolvi examinar a questão da arte como processo de comunicação, no quadro do desfecho de uma era: a da democratização cultural, seja ela desenvolvida pelas indústrias culturais ou impulsionada pelas políticas do Estado e dos poderes públicos. Esse redirecionamento é, a meu ver, a comprovação de que os fenômenos culturais e comunicacionais não podem estar ausentes de uma análise que os situe no contexto de uma história em desenvolvimento, uma história na qual tais fenômenos sejam vistos, ao mesmo tempo, como agentes e produtos.

Introdução

A cultura e a comunicação são constitutivas de toda vida coletiva. O objetivo principal desta obra é mostrar que não existe uma ruptura epistemológica entre essas duas noções. O fundamento de cada uma delas pode ser encontrado na identidade do ser humano, tal como ela se realiza em sua capacidade de cultivar linguagens.

Michel Foucault, em uma obra capital surgida há mais de quarenta anos, *As palavras e as coisas*, constatava que: "jamais, na cultura ocidental, o ser do homem e o ser da linguagem puderam coexistir e se articular um com o outro" (Foucault, 2007, p.468). E, no entanto, é nessa tarefa que Foucault considerava estar enraizada "a mais importante opção filosófica de nossa época". Não tenho a pretensão de encarar tal empreitada. Pretendo, apenas, indicar como as reflexões contemporâneas sobre os fenômenos da cultura e da comunicação permitem, ou não, preencher parcialmente a abertura [*béance*] entre o ser da linguagem e o ser do homem. Abertura que, na perspectiva de Foucault, seria indelével, pois é nela que nós existimos e que falamos. É dizer também, já desde esta introdução, que uma reflexão sobre cultura e comunicação não pode escapar da (re)introdução da filosofia do sujeito, pois é ela que se abre sobre o ser da linguagem e o ser do homem.

Minha hipótese central é que as distinções necessárias entre cultura e comunicação se desenham em um campo de conhecimentos

Jean Caune

explorados pelas ciências humanas e sociais, limitados pelas condições materiais, técnicas e políticas de uma sociedade e esclarecidos por uma abordagem transdisciplinar desenvolvida pelas ciências da informação e da comunicação (SIC). As questões que se colocam nesses territórios de intersecção entre cultura e comunicação, nas quais a superposição pode ser pensada na perspectiva da deriva – assim como se fala da deriva dos continentes –, são de duas ordens.

A primeira diz respeito à identificação de características comuns aos processos culturais e aos processos comunicacionais. Dessa vizinhança conceitual, pode se observar que a reflexão sobre os fenômenos da cultura e as modalidades de comunicação coloca em questão as relações entre indivíduo e sociedade. Se a cultura é um acontecimento social, não existe cultura a não ser quando manifestada, transmitida e vivenciada pelo indivíduo. A cultura existe, antes de mais nada, como herança e para compreendê-la devemos analisar os modos de transmissão desta, que é elemento constituinte da cultura. Se os aparatos de comunicação são próprios a uma sociedade, as relações de comunicação envolvem os indivíduos pelo viés das relações interpessoais e pelos fenômenos de recepção dos meios de comunicação. Entende-se, então, que a reflexão sobre esses dois campos deve se alimentar dos aportes da Sociologia, da Psicologia, da Antropologia Cultural, da Linguística, além de outras disciplinas. Aliás, esse é um dos objetivos deste livro, o de mostrar a relevância de uma abordagem transdisciplinar, como a realizada pelas SIC.

O segundo objetivo está relacionado aos papéis desempenhados por esses fenômenos na construção da realidade social e do mundo da vida. Esses papéis são mais evidentes na medida em que percebemos nossa imersão numa sociedade que se diz de comunicação, segundo uma fórmula que não deixa de ser ambígua. Na realidade, a era pós-industrial, que está ainda por vir, apela a uma convergência de técnicas de informação e de comunicação que, por certo, afetam os processos de produção e de difusão do saber, os modos de pensamento, os momentos de entretenimento e, de forma mais geral, os comportamentos e as identidades culturais.

Esses dois aspectos produzem uma ambivalência: cultura e comunicação viram noções utilizadas indiferentemente nas múltiplas dimensões da vida social, noções que justapõem pontos de vista implí-

Cultura e comunicação

citos, às vezes indiferenciados, frequentemente contraditórios. Além disso, essas noções tendem a fundir-se em uma só realidade, o que quase sempre acaba mascarando a realidade dos conflitos e das ambiguidades manifestadas nos setores sociais envolvidos.

Para além dessas duas dimensões que fazem que a cultura e a comunicação sejam campos vizinhos, submetidos a pontos de vista teóricos que partilham de fundamentos comuns, existe outro aspecto que cabe destacar. Os atos de comunicação e as expressões culturais adquiriram uma dimensão operativa na vida política e econômica e se diversificaram em ferramentas ou modalidades de intervenção e de regulação social. Assim, após a crise política e social de 1968, a cultura e a comunicação aparecem como um dos terrenos privilegiados para a promoção de mudança social. A crise da escola, o isolamento do indivíduo, acentuado pelo desenvolvimento urbano, e a dissolução do sentimento de pertencimento coletivo, estimulada fortemente pelas mídias de massa, em especial pelos meios audiovisuais, são fenômenos que configuram tanto a cultura – seja ela qualificada como tradicional ou de elite – quanto os meios de comunicação. Hoje, no início de um novo século, as questões referentes à identidade e à diversidade cultural se colocam de maneira inexorável na Europa e o fenômeno do comunitarismo da nossa sociedade francesa fragiliza a cultura da convivência.

As expressões surgidas durante os últimos vinte anos para qualificar os objetivos, as finalidades e os meios, no âmbito da mediação cultural, são múltiplas (desenvolvimento cultural, ação cultural e sociocultural, por exemplo). Acontece o mesmo com a noção de comunicação, quando ela não é confundida com da informação. Tomemos como exemplo as declinações da comunicação no campo das organizações e das empresas: comunicação global, comunicação institucional, comunicação externa, comunicação estratégica, comunicação mercadológica. Trata-se de procedimentos que intervêm na circulação de bens e de serviços no mercado econômico, e na gestão de relações sociais.

Seria um equívoco concluir, a partir da recuperação desses breves apontamentos, que cultura e comunicação acabam por se confundir. A cultura permanece associada ao campo da literatura, das humanidades e da estética; a comunicação, aos suportes técnicos que viabilizam a

3

Jean Caune

sua realização. A cultura aparece ainda, com muita frequência, como um "suplemento da alma", um luxo ou um privilégio, enquanto a comunicação se apresenta como uma exigência, dependente dos seus suportes, e indiferente aos seus conteúdos. Ao que parece, a cultura deve ser protegida de uma industrialização maciça, que estaria fazendo que ela perdesse sua significação e seus valores específicos, ao passo que a comunicação procura se universalizar e se tornar imediata. Essa oposição que, sem dúvida, deve ser questionada, explica parcialmente a resistência ao cruzamento entre cultura e técnica. Ela alimenta a ilusão de uma sociedade que se tornaria transparente para si mesma e que teria superado os seus conflitos por meio da extensão generalizada das técnicas de comunicação.

Uma justificativa para esse cruzamento entre cultura e comunicação pode ser dada por conta da necessidade de se compreender como as transformações nas práticas de comunicação afetaram a maneira de se pensar e de viver o mundo. O ponto de vista que persigo, neste caso, pretende ser pedagógico. Sem ser uma apresentação sistemática de autores, correntes, disciplinas e conceitos, este livro indica as referências teóricas e os exemplos que me parecem mais apropriados para colocar em evidência a proximidade dos fenômenos, suas relações e seus esclarecimentos recíprocos. Uma última anotação se faz necessária. A amplitude do tema; a riqueza e a multiplicidade dos trabalhos que o abordam direta ou indiretamente; a diversidade e, às vezes, ambiguidade, dos termos técnicos utilizados pelas disciplinas sobre tal assunto; tudo isso me leva a privilegiar as referências teóricas contemporâneas e, sobretudo, a escolher os meus exemplos na cultura ocidental, e dentro da atualidade dos últimos trinta anos. Quis, antes de tudo, apresentar as problemáticas e os pontos de vista teóricos, sem me omitir em expressar a minha posição sobre este ou aquele aspecto.

Uma vez determinados os objetivos deste livro, é preciso explicitar a lógica de minha exposição. Em um primeiro momento (capítulos 1, 2, 3), me propus a mostrar como a cultura e a comunicação podem situar-se tal qual uma figura no espelho. Esse dispositivo especular permite uma dupla reflexão: a concepção da linguagem se abre sobre uma ideia de cultura; os pontos de vista teóricos sobre a cultura definem uma compreensão dos modos de comunicação. Em um segundo momento (capítulos 4, 5, 6 e 7), procurei ultrapassar esse dualismo, assumindo a cultura como uma mediação entre o indivíduo, as manifestações por meio das quais ele se expressa e o mundo onde ele estabelece relações com os outros. Escolhi abordar três áreas que operam processos de comunicação e formas culturais: o campo das políticas culturais; o universo das organizações empresariais e, por fim, o âmbito da cultura científica e técnica. Efetivamente, é nesses setores de práticas sociais que atualmente se manifestam com maior evidência as relações entre a cultura e a comunicação. Nesses tempos em que o imediatismo e a eficácia se tornaram vertentes cardinais, preferi me interrogar sobre o tempo longo da arte e sua capacidade de estabelecer relações entre os que são atraídos por ela e os criadores. Se a dimensão intersubjetiva do fenômeno artístico é reconhecida desde Kant, o que dizer da capacidade de a arte estabelecer processos de comunicação inscritos na esfera pública? É sobre tal questionamento, renovado pelas tecnologias da informação e da comunicação, que eu quero concluir esta apresentação transversal entre a cultura e a comunicação.

1
Referências
e cruzamentos teóricos

A correlação entre cultura e comunicação: uma questão estrutural. Os lugares de interconexão: as formações do discurso. Conceitos, temas e formas simbólicas da cultura e da comunicação. Alguns objetos estudados pelas Ciências da Informação e da Comunicação (SIC): transformação social, indústrias culturais, museus. Espaço público e territórios da comunicação.

A proximidade das noções e das práticas da cultura e da comunicação não é da ordem das circunstâncias históricas ou técnicas, ainda que a industrialização da cultura e o desenvolvimento das comunicações de massa tenham contribuído para deslocar as fronteiras, trocar os atores, e confundir as funções. Se a vizinhança é explicada apenas por fatores ligados à organização econômica e social e só se justifica pelo aparecimento de bens, práticas e serviços híbridos, relacionados aos dois domínios, seria possível redefinir as linhas de separação, identificar as diferenças, unificar as semelhanças. A imbricação e o entrecruzamento dos fenômenos da cultura e da comunicação não se devem somente à fusão das atividades ou à confusão de uma época.

O pragmatismo das escolhas técnicas e a instrumentalização dos saberes e das obras do espírito não são suficientes para explicar a

Jean Caune

industrialização da cultura, em vista da difusão massiva de produtos, resultante da junção do par produção e consumo de massa de nossa sociedade. Tampouco, seria razoável atribuir-se o resultado dessa conjunção à simples vontade de democratização cultural; ou, ainda, carregar a banalização dos produtos culturais, ou seja, sua perda de sentido, somente no passivo dos meios eletrônicos de massa (Marcuse, 1968). A explicação a partir da emergência de uma nova cultura, baseada na imagem e no computador, na qual a virtualidade e o imediatismo substituiriam o imaginário e a mediação, permitindo então a fusão dos fenômenos de cultura e comunicação, também é insuficiente (Lévy, 1987).

A relação entre cultura e comunicação não pode se sustentar em uma distinção formal e instável, cujo destino seria o de desaparecer na imprecisão dos conceitos e na fluidez das noções. Na verdade, cultura e comunicação formam um estranho casal. Uma não caminha nem se explica sem a outra. Os fenômenos não estão nem encaixados, um contendo o outro – a cultura apresentando-se como um conteúdo veiculado pela comunicação –, nem situados em planos paralelos, em correspondência analógica. Não cabe a figura da dualidade, da complementaridade, da oposição ou diferença; trata-se de uma relação de inclusão recíproca que faz que um fenômeno de cultura funcione também como processo de comunicação; ou que um modo de comunicação seja igualmente uma manifestação da cultura. Cultura e comunicação se posicionam de uma forma curiosa, em uma interface, que nos sugere como representação a figura geométrica presente na *fita de Möbius*. Passa-se imperceptivelmente de uma face à outra da fita sem atravessá-la. Poder-se-ia dizer, então, que cultura e comunicação acabam por ser compreendidas somente a partir dos pontos de vista que as definem?

Os lugares de interconexão: as formações do discurso

Em um primeiro momento, desejo examinar as relações estruturais entre fenômenos culturais e processos comunicacionais a partir de um ponto de vista que entrecruza conceitos, objetos de conhecimento e disciplinas. Gostaria de evocar essa questão importante para a sociedade dita de informação e de comunicação, por meio do "sistema

Cultura e comunicação

de dispersão" que Foucault chama de "formação discursiva"[1] (1969, p.44-67). Os arquipélagos nos quais se distribuem os objetos de discurso, suas condições de enunciação, os conceitos e as temáticas relativas às práticas culturais e processos de comunicação são frequentemente cartografados e estudados a partir de "regras de formação", vizinhas e imbricadas. Estas constituem condições de existência, mas também de coexistência, dos discursos sobre a sociedade de comunicação.

Os objetos dos discursos sobre cultura e comunicação

Os discursos se ocupam com objetos que podem ser descritos como comportamentos nos territórios urbanos (cultura "nômade", "tecno", da periferia etc.); com signos que funcionam como representações de reconhecimento; com instituições que produzem e transmitem as narrações sobre o mundo; ou, ainda, com produtos cuja utilização apela para o imaginário. Assim, uma ou outra expressão cultural como, por exemplo, o rap, pode se tornar um fenômeno de comunicação; um ou outro modo de comunicação, como o vídeo ou a publicidade, adquire o *status* de objeto cultural. Este último pode ser tomado pela dimensão cultural que lhe é própria, mas também como suporte de mediação entre o indivíduo e seu mundo social e imaginário. O mesmo serve para a televisão. Considerada, ontem, como um bem de lazer, para uso da família no espaço doméstico, ela representou um comportamento cultural caracterizado pelo fechamento da célula familiar. Hoje em dia, o desenvolvimento e a convergência das tecnologias transformam a televisão em um dispositivo de difusão audiovisual que não está mais limitado ao aparelho receptor em si. Com a diversidade das emissoras e dos meios de transmissão, ela vem consolidar a mobilidade dos indivíduos e fortalecer suas afiliações a diversas "tribos" de pertencimento. Ela é, ao mesmo tempo, um meio de comunicação que produz uma imagem do mundo e uma instância de pertencimento ou de participação imaginária no funcionamento do mundo.

---

1 Foucault (1969, p.53), diante do fracasso da hipótese de uma unidade de enunciados constituindo os "discursos da loucura", propõe considerar a *formação discursiva*, no caso em que, a partir de certo número de enunciados dispersos, seja possível descobrir entre os objetos de discurso, as condições de enunciação, os conceitos e as escolhas temáticas, uma certa regularidade.

Jean Caune

Condições de enunciação dos discursos

No que diz respeito às condições de enunciação dos discursos, científicos ou políticos, que formulam as injunções para construir uma sociedade de comunicação, elas se inscrevem em um horizonte de expectativas que marca tanto as práticas culturais como as comunicacionais. Para citar somente um exemplo da situação francesa, o relatório encomendado a Simon Nora e Alain Minc, no final dos anos 1970, se propunha a examinar o desenvolvimento das aplicações da informática como fator de transformação da sociedade e de reorganização econômica e social, que introduziria novos hábitos e costumes (1978). A visão com que se projetava a crescente informatização da sociedade era carregada de uma dimensão profética: "ela irá transformar nosso modelo cultural" (Nora; Minc, 1978, p.12). A telemática, cruzamento das telecomunicações e da informática, acabaria por

criar essa nova "rede" em que cada comunidade homogênea poderá comunicar-se com seus semelhantes em direção ao centro. A palavra informatizada e seus códigos irão recriar uma "ágora" informacional ampliada às dimensões da nação moderna. (Nora; Minc, 1978, p.124)

De maneira geral, as condições de existência desses discursos se constituíram após o processo de descolonização, em uma sociedade industrial e urbana que descobria, ao mesmo tempo, o poder das mídias de massa e os efeitos da tripla crise – social, econômica e cultural – que apareceu progressivamente com o começo dos anos 1970.

Os conceitos

Os territórios da cultura e da comunicação são desvendados por um grande número de conceitos propostos pelas disciplinas das ciências humanas e sociais. Especialmente, a Linguística estrutural forneceu pares de oposição conceitual que podem ser aplicados tanto à cultura como à comunicação: conteúdo e forma, significante e significado, código e decodificação, enunciado e enunciação, língua e fala, conteúdo e relação, fundo e figura... Porém nenhum desses pares é realmente suficiente para diferenciar cultura e comunicação em suas determinações cruzadas e em sua complementaridade.

O mesmo vale para as categorias filosóficas provenientes da estética. Estas permitem, por exemplo, distinguir cultura oral e escrita em função dos suportes materiais da enunciação. É igualmente possível separar a comunicação oral e a escrita; para isso, essa distinção não abrange a precedente: a comunicação oral ocupa evidentemente um grande lugar nas práticas cotidianas de uma sociedade de cultura escrita. Do mesmo modo, no interior de cada categoria formal construída pela história cultural (a Renascença, o século das Luzes, o Romantismo etc.), é possível encontrar representações e processos que se difundem e se transmitem nas apropriações cotidianas. Por esse motivo, é difícil identificar os núcleos de conhecimentos específicos que distinguem cultura e comunicação.

Podemos nos perguntar se a comunicação pode ser encarada como um simples conjunto de saberes múltiplos e especializados em torno de conceitos comuns que formam uma configuração epistemológica. Esta é, em todo o caso, a pergunta feita por Lucien Sfez e Gilles Coutlée, em um colóquio intitulado, "Tecnologias e simbologias da comunicação" (1990, p.10). Sfez e Coutlée concebem a comunicação como inserida em um *continuum* que vai do núcleo de conhecimentos – uma *episteme* em formação, quadro de referência de uma geração de pesquisadores – à forma simbólica. Esta última deve ser definida no sentido proposto por Cassirer e Panofsky, como um quadro de representações que organiza a visão e o pensamento do mundo. Assim, a partir do século XV, a perspectiva não foi somente uma maneira para os pintores organizarem a representação do mundo em uma superfície de duas dimensões: ela foi um sistema de significação baseado em um ponto de vista fixo. A perspectiva, como forma simbólica, fixava os lugares e as distâncias dos assuntos em relação ao príncipe; organizava novas relações intelectuais entre o ser humano e as coisas: ela permitia torná-las perceptíveis.

A noção de forma simbólica, combinada com a de configuração de *episteme*, também se aplica a áreas da atividade humana, tais como: "A percepção (visão, audição, olfato, tato), a postura corporal, os hábitos, os costumes à mesa e nas conversas e a todo comportamento

Jean Caune

social e político" (Sfez; Coutlée, 1990, p.11). Essa observação é importante: ela implica a cultura vivenciada e a comunicação no mesmo *continuum*.

Porém eu não estou de acordo com a proposta de Sfez (1988) relativa ao núcleo epistêmico da comunicação, cujas chaves estariam na importância do domínio tecnológico e das tecnologias da mente. Não creio também na operacionalidade do ponto de vista de Sfez, caracterizando a forma simbólica da comunicação pela noção de "tautismo", neologismo baseado na condensação de tautologia e de autismo, a qual conduz à identificação da realidade representada à realidade exprimida.

A meu ver, o núcleo epistêmico da comunicação seria antes constituído pelo pensamento da relação, da enunciação e da dialética código/mensagem, ou para retomar a formulação proposta por Lévi-Strauss (1962), de estrutura/acontecimento. No que diz respeito à forma simbólica, o conceito de "tautismo" parece-me revelar mais um jogo de linguagem do que uma *Forma*, suscetível de ser o filtro e o enquadramento que transformam em conteúdos de pensamento nossa visão das relações individuais e sociais. Entretanto, essa reserva é secundária aqui. O que me parece heurístico na proposta de Sfez é a percepção do pensamento comunicacional como a articulação de uma *episteme* e de uma forma simbólica. Eu procuraria esta última de preferência nas diferentes expressões artísticas que utilizaram, durante os primeiros trinta anos do século XX, as técnicas da montagem, nas artes cênicas e no audiovisual, e a colagem, nas artes plásticas. De qualquer maneira, a perspectiva de circunscrição do território da comunicação pela conjugação de uma *episteme* e de uma forma simbólica, que ainda deve ser identificada, parece fecunda por várias razões:

- a primeira é que essa associação de uma *episteme* e de uma forma simbólica vale igualmente para a cultura, vista pelo sentido antropológico do termo;
- a segunda é que ela permite relacionar, tanto para a comunicação como para a cultura, uma razão inteligível, a *episteme*, e uma razão sensível, a forma (Caune, 1997). Sendo esta última, além disso, muitas vezes ignorada na análise da eficiência dos processos de comunicação;

- finalmente, essa associação permite perceber os objetos e os processos comunicacionais, ao mesmo tempo, em sua determinação de conteúdos e em suas estruturas formais que os inscrevem em seu meio de existência.

As temáticas

No cerne das ciências humanas e sociais, as ciências da comunicação procuraram estabelecer as relações entre as técnicas de comunicação desenvolvidas pela sociedade e a ordem simbólica que ela constrói. As temáticas comuns à cultura e à comunicação conjugam aspirações e temores, nostalgias e objetivos políticos. Na França, elas se desenvolvem em torno da democratização cultural e da criação, nos anos 1960; do desenvolvimento e da descentralização cultural, nos anos 1970; da performance, da imagem e do individualismo, nos anos 1980; da integração, do vínculo social e da fratura social, nos anos 1990. Elas focalizam as expectativas e conferem uma dimensão operante às novas tecnologias da informação e da comunicação (NTIC), atualizando as utopias de transparência e de globalização estabelecidas pela cibernética, a partir do final da Segunda Guerra Mundial (Wiener, 1952).

A hibridação dos fenômenos

Por quais motivos nossa sociedade é qualificada habitualmente como "sociedade de comunicação"? Formulação autoprofética ou registro de identidade? A produção de bens, a gestão de serviços, a difusão das ideias e produtos culturais, a simulação dos projetos de desenvolvimento, são cada vez mais – tanto em sua concepção como em sua inserção social – elaboradas, programadas e avaliadas a partir das tecnologias de comunicação. No entanto, essa dimensão instrumental não é suficiente para dar à nossa sociedade um caráter comunicacional.

As técnicas de comunicação sempre contribuíram para a construção do espaço público, para a orientação das relações sociais, para a participação na elaboração dos conteúdos do pensamento. As mudanças das formas de comunicação sempre tiveram um papel essencial no desenvolvimento dos processos cognitivos, no aumento do saber e das capacidades humanas de armazená-lo, enriquecê-lo e difundi-lo; assim como na produção das formas simbólicas que permitem a identificação do indivíduo com os valores coletivos (Goody, 1979; McLuhan, 1977). O impacto das tecnologias da comunicação foi tão forte, na segunda metade do século XX, que elas acabaram por transformar as práticas culturais.

A afinidade dos fenômenos

A hibridação da cultura pelas tecnologias da comunicação, materializada nos produtos e seus usos, integrada nas práticas das instituições, foi considerada uma das razões do desenvolvimento econômico. Antes mesmo que a convergência das técnicas da informática, da telefonia e do audiovisual estivesse na ordem do dia, o cotejamento entre os fenômenos culturais e as técnicas de comunicação contribuiu para caracterizar o mundo industrial ocidental. Em um artigo intitulado "A comunicação contra a cultura", Armand Mattelart constatava: "Cultura *santificada* contra comunicação subordinada ao mercado: em tempos de generalização do livre comércio, as dicotomias desse tipo tornam-se menos pertinentes" (2001, p.4-5).

Mattelart, ao levantar o questionamento sobre a sobreposição progressiva dos campos, reconhecia que a transformação da cultura em mercadoria e a internacionalização dessa mercantilização não datavam de agora. A industrialização da cultura e o desenvolvimento das comunicações de massa, sem dúvida, contribuíram para o deslocamento das fronteiras, para a troca dos atores, para confusão das funções.

A determinação das afinidades entre fenômenos culturais e processos de comunicação pode ser encontrada no fato de que ambos estruturam as relações entre indivíduos e sociedade.

Alguns objetos esclarecidos pelas SIC

A industrialização da cultura, os processos de inovação e a valorização do patrimônio se constituem, sem dúvida, em três áreas de práticas que, antes de serem temáticas de inspiração dos discursos sobre a sociedade de comunicação, foram objetos concretos, elementos de sua construção. As Ciências da Informação e da Comunicação

(SIC) trouxeram um olhar esclarecedor e específico sobre essas áreas. Contentemo-nos aqui em mencionar rapidamente alguns trabalhos que tiveram um papel pioneiro.

Hoje está claro, para um bom número de pesquisadores em Ciências Sociais, que o modelo da determinação causal, que faz as transformações da organização das empresas dependerem das inovações técnicas, na área da produção, como também na da administração, não é operante. A convergência entre os fatores tecnológicos e as condições culturais ocupou espaço de numerosos trabalhos, especialmente para pensar as condições de difusão da inovação (Flichy, 1995). O modelo "difusionista" da inovação está ultrapassado, tanto que ela se apresenta como um processo atravessado por conflitos permanentes, estratégias de atores, alianças e compromissos entre eles (Callon, 1989; Latour, 1992; Quéré, 1989).

A inovação é o fruto do encontro entre uma técnica, uma organização e uma cultura: a técnica inclui as relações sociais, a organização se realiza pela mediação de uma técnica e a cultura modela as expectativas sociais e pode conduzir a aceitabilidade da inovação. A inovação não se manifesta mais somente em um setor, o da produção de bens; ela se desenvolve, de maneira desigual, a partir de práticas sociais e de relações sociais instituídas, na área da produção e da difusão do saber; bem como no campo da gestão das instituições e da administração pública e no setor do lazer e da cultura.

Para alguns, o desenvolvimento e a experimentação de novos dispositivos de comunicação pelos inovadores sociais corresponde a uma escolha de ações microssociais desenvolvidas à margem das instituições. Para outros atores, a experimentação corresponde a uma preocupação com o desenvolvimento e com a diversificação em um universo concorrencial (Mattelart; Stourdzé, 1982). A experimentação das novas tecnologias, ou mais precisamente a sua difusão, foi abordada por meio de dois procedimentos: o da oferta que se preocupa com os meios para garantir a penetração das novas tecnologias; e o da demanda que, inversamente, se baseia nas necessidades hipotéticas dos indivíduos e se interroga sobre a capacidade das tecnologias em responder a isso. Este último procedimento mostrou seus limites. Efetivamente, ele supõe que o lugar dos novos produtos está inscrito indiretamente nas necessidades ou demandas sociais; ele se apoia na

Jean Caune

hipótese de que, a cada nova tecnologia, correspondem atividades e comportamentos específicos.

No âmbito das técnicas da informação e da comunicação, admite-se que as indústrias culturais, das quais elas são um componente essencial, representem a principal fonte de recursos e de lucros. Os primeiros trabalhos franceses souberam escapar à visão elitista de Théodor Adorno e de Max Horkheimer (1974), que censuravam a indústria cultural e criticavam o desvio da criação artística. Assim, a tese fundadora na obra *Capitalisme et industries culturelles* [Capitalismo e indústrias culturais] (Huet et al., 1978) recusava a ideia de uma autonomia da arte e considerava uma lógica de atores na qual os editores assumem uma função central na articulação das atividades artísticas, técnicas e financeiras. Da mesma maneira, essa consideração da criação artística não sublimada inspirava a obra de Flichy *Les Industries de l'imaginaire* [As indústrias do imaginário] (1991), distinguindo a lógica editorial do disco e do cinema da cultura circular e repetitiva do rádio e da televisão. A contribuição de Bernard Miège foi a de analisar as indústrias culturais com as metodologias da Sociologia e da Economia, situando-as nas lógicas próprias da área da comunicação (recepção de mensagens, distinção dos suportes técnicos, efeitos de sentido etc.). Esse procedimento específico pode orientar a identificação dos produtos reprodutíveis, conforme eles insiram, ou não, o trabalho de artistas ou de intelectuais (Miège, 2000).

A especificidade ligada ao uso dos produtos dá às SIC um lugar de destaque na análise das indústrias culturais. Os produtos nelas difundidos implicam um olhar específico e necessário. Eles comportam uma experiência de recepção sensível e inteligível. Então, essa visão dupla, cultural e comunicacional reside, de um lado, no "caráter aleatório (ou incerto) dos valores de uso engendrados pelos produtos culturais industrializados" e, de outro, no fato de que "a criação artística tende a tornar-se uma etapa de concepção da produção das mercadorias culturais" (Miège, 2000, p.26).

Essas perspectivas que conjugam lógicas editoriais, especificidade dos suportes técnicos de produção e experiências de recepção sensível conduziram a trabalhos que se ocupam da mercantilização das artes cênicas (Bouquillon, 1992), da música popular (Hennion, 1981) e da indústria do disco clássico (Vandiedonck, 1999). Não poderíamos

Cultura e comunicação

ignorar, nesta breve recordação, a presença tecnológica e mercantil no setor da educação. A introdução de novas mídias, especialmente aquelas que mobilizam a informática, foi analisada segundo duas perspectivas. A primeira acentuava o deslocamento da função educativa para fora da instituição Escola; a segunda se perguntava sobre a formação das necessidades educativas e sua adequação às normas das indústrias da cultura e da comunicação (Moeglin, 1998). Sem dúvida alguma, essa área em expansão constante com os desenvolvimentos da ideia de "*campus* aberto" e da educação a distância abre um vasto campo de pesquisa, que deveria fazer que se cruzem as lógicas editoriais, dependentes dos conteúdos, a interatividade tornada possível pela escritura multimídia e as relações entre o aluno e a formatação de conteúdos.

Outro exemplo da imbricação/distinção entre cultura e informação pode ser dado pelas duas modalidades de apresentação em museus das obras do passado. Jean-Louis Déotte (1993) distingue os "museus miméticos", que apresentam as obras do passado em sua identidade cultural, a partir de uma reconstrução do meio ambiente vivo de antigamente, e os "museus didáticos", que põem em evidência esses objetos do passado em sua dimensão de informação, por uma mediação que os retira de suas condições contextuais. Portanto, essa distinção – que depende do processo de exposição – não diz respeito aos objetos em si, mas ao dispositivo que os transforma, para o visitante, em objetos culturais e/ou do saber, inscritos em um discurso museal.

A questão da apresentação do objeto tradicional ou técnico também está presente na concepção e na análise museográfica que Élisabeth Caillet (1995) define como um jogo de três participantes: o objeto retirado de sua função, o receptor que entra em contato com ele por meio da exposição e o projetista que coloca o objeto "em cena" a partir de um propósito intencional.

A exposição, considerada uma enunciação do curador do evento, é analisada por Bernadette Dufrêne (2000) como uma mídia, isto é, como um dispositivo tecnológico que comunica informações e organiza relações com um público no âmbito de um sistema institucional. Esse procedimento de compreensão da exposição como mídia só é possível desde que se examine a articulação entre, por um lado, o dispositivo técnico posto em prática em um espaço e, por outro, as condições que presidem à sua concepção e realização. Essa articulação proporciona uma relação especial entre o receptor e a mídia: que é a produção de sentido.

Os sentidos produzidos para e pelo visitante supõem um sistema de organização diferente daquele do museu tradicional de conservação. Trata-se de procurar informações, no âmbito da atividade museal, e de "colocá-las em cena" no decorrer de um percurso. A tripla atividade que envolve a coleta de informações, a produção de documentos (catálogos e programas) de acompanhamento da exposição e a organização do local em função do "conceito" da exposição escolhido é coordenada no quadro de um sistema integrado de diferentes serviços.

Hoje em dia, o museu torna possível a apropriação de um passado considerado algo que não existe mais, mas que deve ser reinserido no tempo presente. O museu, por um trabalho de mediação, facilita o distanciamento com o que devemos esquecer e nos transporta para outra coisa que decorre, no entanto, daquilo que não é mais.

Para concluir, de forma breve e provisória, sobre os aportes das SIC no estudo das problemáticas cruzadas entre cultura e comunicação, não se pode ignorar que essas contribuições se desenvolveram, especialmente, na atualização do conceito de espaço público, tal como foi teorizado, em 1962, na tese de Jürgen Habermas (1978). Para ele, o espaço público se construiu historicamente em um "processo ao longo do qual o público constituído de indivíduos fazendo uso de sua razão se apropria da esfera pública controlada pela autoridade" (1978, p.62).

Além de recusar a constatação da degradação do espaço público fragilizado pelo poder das pesquisas de opinião e da publicidade, as SIC, como nota Isabelle Pailliart (1995), procuraram enriquecer e renovar o conceito. A recomposição do espaço público, na era das tecnologias da informação e da comunicação (TIC) e das indústrias culturais, foi analisada a partir de quatro temáticas:

- a publização das opiniões, isto é, sua formação e difusão por meio dos discursos e comportamentos;
- a objetivação de si mesmo, isto é, a construção da pessoa tanto no processo de autonomização do social como no distanciamento entre espaço privado e espaço público;

Cultura e comunicação

— a interpenetração do espaço público e da empresa, decorrente da emergência das técnicas de comunicação e das de gestão como construção da organização e da cultura de empresa;
— a mediatização e as novas mediações acompanhando o desenvolvimento da comunicação política.

Essa recomposição do espaço público permitiu a compreensão de como a construção do território, entendido como processo de práticas sociais e de vontade política, se apoia na dimensão simbólica, tal como ela se revela nas diferentes formas da narração e de figuração do tempo. Não resta dúvida agora de que os *Territórios da comunicação* se estabelecem no processo de convergência da influência das mídias, das e das produções culturais (Pailliart, 1993).

2
A linguagem como fenômeno cultural

As perspectivas abertas pela linguística estrutural. Caráter social da língua; caráter individual da fala. A linguagem torna possível a sociedade humana, permite a análise da cultura e das formas que ela toma. A língua interpretando outros sistemas de signos. A cultura como interação entre modos de pensar, meios de comunicação e formas expressivas. A dimensão cultural da comunicação. Comunicação e comunidade.

Qualquer que seja a definição dada à cultura – veremos no próximo capítulo que são numerosas –, todas ressaltam o fato de que a cultura pode ser considerada um conjunto de sistemas simbólicos entre os quais a linguagem se situa em primeiro lugar. O lugar privilegiado que lhe é concedido deve-se ao fato de que a fala humana é o instrumento com o qual o ser humano modela seu pensamento, exprime seus sentimentos, manifesta suas emoções. Pela linguagem, ele exerce sua influência e é influenciado pelos outros membros da comunidade. A linguagem em seu funcionamento, isto é, em sua utilização pelos sujeitos falantes em suas ações de comunicação, não pode ser reduzida a uma dimensão instrumental. Ela é o fundamento da sociedade humana, tanto no plano de sua identidade como no de sua evolução. Mas esse caráter fundamental é algo complexo. Para mostrar a participação da linguagem na construção e na manutenção de uma cultura, é preciso sem dúvida relembrar os resultados obtidos pela Linguística. Em especial, destacar o fundador da Linguística contemporânea, Ferdinand de Saussure.

Língua, fala e sociedade

Com Ferdinand de Saussure, no começo do século XX, a Linguística inaugura uma nova fase, abandonando a filosofia da linguagem e o estudo da evolução histórica da língua, para estudá-la em sua realidade intrínseca. A língua é examinada em si mesma, e para ela mesma. A análise se baseia na consideração da língua como sistema composto de um limitado número de elementos, que são os fonemas, combinados segundo os princípios da estrutura. Daí vem o nome de Linguística estrutural, embora Saussure nunca tenha utilizado esse termo em seus ensinamentos publicados por seus alunos, em 1915, com o título de *Curso de linguística geral* (Saussure, 1974).

O processo de conhecimento definido por Saussure permite compreender a parte ocupada pela linguagem no funcionamento da cultura. A Linguística não estuda um objeto dado com antecedência. A língua não precede o ponto de vista daquele que estuda os fenômenos da linguagem. Saussure (1974, p.23) afirma "que é o ponto de vista que cria o objeto". Compreendamos a ideia dessa fórmula: é o ponto de vista teórico que deve isolar, pela abstração, o objeto estudado que é a língua. Como fenômeno multiforme e heterogêneo, ao mesmo tempo físico, fisiológico e psíquico, a linguagem pertence ao campo individual e social; ela não se deixa classificar em nenhuma categoria dos fenômenos humanos. A língua não se diferencia imediatamente dos outros fenômenos sociais que intervém nos atos de discurso. A língua não se confunde com a linguagem: ela é apenas uma determinada parte; essencial, é verdade, acrescenta Saussure. Ele se propõe então a distinguir, na linguagem, a língua que é a parte social, exterior ao indivíduo, e a fala que concerne à atividade do sujeito. Saussure faz da língua: "Um produto social da faculdade da linguagem e um conjunto de convenções necessárias, adotadas pelo corpo social, para permitir o exercício da fala nos indivíduos" (1974, p.25).

Assim, Saussure não se contenta apenas em definir um objeto científico. Por um lado, ele põe em evidência os dois aspectos da linguagem, língua e fala, e sua interdependência: a língua é ao mesmo tempo o instrumento e o produto da fala. Por outro lado, ele adverte que a língua é social em sua essência independentemente do indivíduo. Examinemos, brevemente, as relações entre a linguagem e a cultura a partir da distinção saussuriana.

A língua como elemento constitutivo da cultura

Ao afirmar que a língua "é forma e não substância", Saussure põe em evidência a necessidade de se separar as relações entre os elementos significativos da língua, as palavras. Mas, também, o fato de que a língua é um instrumento de comunicação que não obtém sua eficácia significante a partir da materialidade fônica ou visual, na qual se concretizam os signos da língua (as palavras). A potencialidade de significado da língua lhe é dada pela combinação dos signos dentro do sistema formal que ela constitui: é nisso que a língua é forma.

Não discutiremos aqui a afirmação que não distingue, no processo de comunicação linguística, entre o modo de utilização, oral ou escrito, da língua.. Para nós é o bastante notar que a capacidade de significância da língua resulta do fato de que qualquer signo linguístico é tomado e compreendido a partir de um sistema de signos.

A contribuição de Saussure ultrapassa e de longe a Linguística. A consideração da unidade da língua, a partir do princípio de significado que é o signo, abriu um campo de pesquisas para as ciências do homem. Estudiosos da sociedade, como Jean Baudrillard (1972), por exemplo, se perguntaram se algumas estruturas sociais não deveriam ser consideradas como sistemas de signos. Em outra dimensão, Lévi--Strauss (1958) procurou analisar os discursos complexos presentes nos mitos, considerando-os como estruturas que combinam unidades organizadas a partir do modelo da língua. Os fenômenos culturais têm essa característica, assim como os fenômenos da língua, de não poder ser considerados como dados simples que se definem no âmbito de sua própria natureza. Um dado da cultura só pode ser assim considerado quando ele remete a outra coisa.

Jean Caune

Em que e como a língua é constitutiva da cultura? Para responder a essa pergunta, acompanhemos a reflexão de Émile Benveniste tal como ela é desenvolvida em *Problemas de linguística geral* (1966a; 1966b).

Um primeiro ponto está relacionado à representação do mundo realizada pela linguagem. Esta, por meio da língua, elabora uma representação do mundo, submetendo-o à sua própria ordem. Como entendiam os gregos, a linguagem é *logos*: discurso e razão. O conteúdo a ser transmitido, o pensamento, é formado a partir da estrutura da língua: "Pela língua, o homem assimila a cultura, a perpetua ou a transforma" (Benveniste, 1966a, p.32).

O segundo aspecto que dá à língua uma dimensão fundamental para compreender uma cultura deve-se a uma característica comum à língua e à cultura: é na língua e pela língua que o indivíduo e a sociedade se determinam mutuamente. A linguagem institui pela fala a sociedade e a realidade imaginária. O aprendizado da linguagem acompanha e condiciona o despertar da consciência e inscreve a criança na sociedade e na cultura. Já observamos que a função simbólica não se desenvolve somente na linguagem articulada, ela encontra manifestações no universo da imagem e no uso dos objetos em todo mundo. No entanto, é somente com a linguagem que o símbolo comporta interpretação; que ele revela seu sentido escondido; que se estabelece uma relação profunda de duplo sentido entre o que ele significa imediatamente e ao que ele remete. A faculdade simbólica inerente à condição humana atinge na linguagem a sua realização mais elaborada.

A língua como modelo de análise da cultura

Edward Sapir (1967), que foi ao mesmo tempo linguista e etnólogo, começou as pesquisas antropológicas dentro das perspectivas abertas pela linguística. Essa abordagem lhe permitiu, a partir de 1927, indicar os parentescos entre os fenômenos linguísticos e os culturais: uma língua é, da mesma maneira que uma religião ou um sistema de parentesco, um produto da vida em sociedade. A língua difere de uma comunidade para outra, modifica-se ao longo de sua história e, assim como a cultura, somente faz sentido para os membros do grupo que a recebe como herança das gerações precedentes.

Ao colocar o ser humano em sua relação com a natureza a partir das representações que ele elabora, ao estabelecer relações com o outro, a linguagem torna possível a sociedade humana. Uma vez que ela se realiza sempre em uma língua, em uma estrutura particular, a linguagem determina uma relação necessária entre língua e sociedade, que não podem ser concebidas uma sem a outra. À evidência dessa implicação recíproca, corresponde outra evidência encontrada tanto pelos antropólogos como pelos linguistas: a sociedade e a cultura que lhe corresponde são independentes da língua. Embora a linguagem permita o estudo de como a cultura elabora as formas, não há relações funcionais entre uma língua e a cultura daqueles que a utilizam.

Benveniste aborda a questão dessa relação distinguindo na noção de sociedade, por um lado, a sociedade como realidade histórica e cultural (a sociedade francesa, a sociedade chinesa etc.) e, por outro, a sociedade como coletividade humana base e condição da existência dos seres humanos. Do mesmo modo, a língua pode ser evocada em sua singularidade, como idioma empírico e histórico particular (a língua francesa, a língua chinesa); ela pode igualmente ser encarada como sistema de formas significantes e como condição primeira da comunicação. Se não há, como observa Benveniste, correlações necessárias entre a língua e a sociedade de uma comunidade em particular, tomadas em suas realidades histórica e empírica, o mesmo não acontece quando se considera a língua e a sociedade como bases de comunicação e existência. Deste último ponto de vista, podemos tirar as características comuns entre língua, sociedade e cultura.

1. No plano fundamental, língua, cultura e sociedade são vivenciadas pelos seres humanos de um modo não consciente; todas as três são herdadas e não podem ser mudadas somente pela vontade individual.

2. O que os seres humanos veem e podem mudar são as denotações e as designações dadas pela língua, pela forma e natureza das instituições sociais, pelas modalidades de expressão e de relação autorizadas pela cultura. As condições de existência, de produção e de comunicação se modificam; não obstante, o poder de coesão da coletividade, representado pela língua e pela cultura, permanece.

Jean Caune

3. Assim como a língua, a cultura constrói a identidade para além das diversidades individuais. Assim como a língua, a cultura existe somente por meio da expressão dos indivíduos, da qual ela é ao mesmo tempo fundamento e produto. Não é seguro, no entanto, que possamos estabelecer, a propósito da cultura, a distinção operada por Saussure, a propósito da linguagem, entre fala e língua. A cultura é vivenciada pelo sujeito; e ainda que ela lhe seja de certo modo exterior, ele não pode criá-la ou modificá-la sozinho. Convém, então, examinar como construir uma fala cultural que não seja na realização de um código predeterminado.

As relações recíprocas entre língua e cultura colocam, todavia, um problema epistemológico. Considerando a língua como pertencendo à cultura, Sapir e de forma geral a antropologia contemporânea afirmam que os fenômenos linguísticos são fenômenos culturais. No entanto, não há relação de identidade entre língua e cultura, até porque numerosos fenômenos culturais não se manifestam na língua, ou por meio da língua. As formas culturais ultrapassam as linguísticas, e não é certo que as formas culturais não linguísticas – como, por exemplo, os gestos de cortesia, os ritos e as imagens – se enquadrem em sistemas de signos. Por fim, como reconhecer o lugar fundamental da língua como o mais complexo e o mais difundido dos sistemas de expressão? E qual seria a legitimidade de considerar a língua como o intérprete dos outros sistemas de signos?

As respostas dadas são diversas e contraditórias. Saussure via o destino da linguística na sua anexação à semiologia, ciência geral que estuda a vida dos signos no seio da vida social. Ao contrário, Claude Lévi-Strauss e Roland Barthes concediam à linguística um lugar proeminente. Para o primeiro, ela ocupa um lugar excepcional no conjunto das ciências sociais em razão da revolução provocada pela Fonologia. Esta última ocupa, para Lévi-Strauss, um papel renovador em relação às ciências sociais (1958, p.39). Barthes radicaliza ainda mais a primazia concedida à Linguística. Ao contrário de Saussure, que fazia da Linguística uma parte da ciência dos signos, Barthes considera a possibilidade de a linguística ser convertida em uma ciência que coroe as ciências que se ocupam dos significados dos fenômenos humanos, desde que sejam verbalizados. Assim, a Linguística revelaria, nesse projeto epistemológico, a unidade das pesquisas feitas na Antropologia, na Sociologia, na Psicanálise e na Estilística em torno do conceito de significado (Barthes, 1985). Essas perspectivas se desenvolveram em análises diversas, e com resultados contraditórios, a respeito de diferentes modos de expressão cultural, tais como: o cinema, com Christian Metz; a publicidade e a moda, com Roland Barthes; a poética, com Tsvetan Todorov; ou, ainda, o discurso do paciente em psicanálise, com Jacques Lacan. Não abordaremos diretamente essas análises, que muitas vezes são objeto de uma categorização vaga de estruturalismo, a não ser para observar que elas colocam a noção de signo, organizado em sistema, no centro de sua reflexão.

A cultura como globalidade

Há mais de um século, a cultura foi definida como objeto de conhecimento. E, uma vez que o seu estudo foi aplicado primeiramente às "sociedades primitivas", ela se fez em função de um aparelho de pensamento proveniente da cultura ocidental. Por um movimento retrospectivo, mas dessa vez teorizado, os resultados obtidos no estudo das sociedades homogêneas e "sem história" se projetaram sobre as sociedades estratificadas e industrializadas. Em um primeiro momento, o evolucionismo se desenvolveu paralelamente às teorias darwinianas; assim, foi estabelecida uma solução de continuidade entre as sociedades contemporâneas e as culturas primitivas.

Edward B. Tylor, em um trabalho publicado em 1871, *Primitive culture* [Cultura primitiva], afirmava o princípio da sobrevivência dos estágios anteriores da civilização em sociedades mais avançadas. As semelhanças observáveis nas crenças e nas instituições das diversas sociedades provariam a unidade psíquica do ser humano. A história da humanidade se apresentaria, então, sob a forma de uma série linear de instituições e crenças. Nessa perspectiva, somente o método comparativo permitiria estudar os diferentes estágios da cultura e o conceito de sobrevivência tornar-se-ia o instrumento de análise. As sobrevivências, assim definidas por Tylor (1871), são as provas e as amostras de uma condição antiga da cultura da qual a nova é proveniente.

Jean Caune

A consequência dessa postura evolucionista, recusando qualquer ruptura entre as culturas de épocas e lugares diferentes, é a afirmação da unidade global da cultura.

A cultura: um todo solidário

Mesmo considerando que a teoria evolucionista tenha sido abandonada progressivamente pela Antropologia anglo-saxã, ainda resta uma "sobrevivência": a ideia de que cada cultura é um todo e que, no interior desse todo, cada instituição deve ser compreendida em sua relação com o conjunto. O conceito de sobrevivência em si foi modificado, para ser retomado pelos difusionistas que o definiam como um traço cultural que não corresponde mais ao seu meio ambiente: ele persiste ainda que mantenha as funções originais, ou que sua função destoe do meio cultural.

A origem de uma concepção global da cultura não está diretamente ligada à analogia com a língua, a qual, como sustenta Saussure, é "um todo solidário". A escola funcionalista, com Bronisław Malinowski, pôde contestar o conceito de sobrevivência; mas a ideia de totalidade permanece. Para esse autor, de fato, cada instituição satisfaz uma necessidade particular da sociedade e "a cultura é um todo indivisível no qual entram as instituições que, por seu lado, são autônomas, e, por outro, se comunicam" (1970, p.39). Veremos mais adiante como o conceito de instituição, definido por Malinowski como "essência extraída do real concreto que é a cultura", pode ser utilizado para pôr em evidência a cultura como fenômeno de comunicação.

Quando Sapir declara que a cultura não tem existência, que ela não passa de "pura ficção estatística", que ela é somente uma racionalização de etnólogo, ele acentua a necessidade de distinguir o ponto de vista do observador e o fenômeno em si (1967, p.87-102). Essa afirmação não significa que o fenômeno de cultura não exista; ela é um convite para compreender a cultura no universo das significações que cada um pode se construir a partir de suas relações com o outro e com o mundo.

A antropologia cultural norte-americana desenvolveu essa concepção da cultura global; uma ideia que vale, de resto, tanto para a cultura como para a sociedade. Por exemplo, Clyde Kluckhohn fala de "totalidade" orgânica; Ralph Linton de configuração; Margaret Mead concede à cultura um poder unificador, dado por uma personalidade padronizada. A operação teórica que estrutura a cultura de forma global está baseada na definição de uma unidade elementar diferencial que caracteriza cada cultura. A noção de globalidade está longe de aportar respostas claras para as relações que existem entre uma formação social e as múltiplas expressões que ela gera. Entre a ideia de totalidade, que define a cultura, e a de sistema, que caracteriza a língua, há um salto conceitual que não se justifica, embora certo número de autores se disponha a fazê-lo. A afirmação da globalidade é mais uma constatação pragmática do que a determinação de um sistema de combinações ou articulações, que permitiria encontrar o significado de cada um dos elementos em sua relação com os outros e com o todo. Essa definição totalizante faz da cultura uma encruzilhada epistemológica, que somente poderá fazer sentido à custa de uma análise que confronte e conjugue o conjunto de disciplinas: Sociologia, Psicanálise, Etnologia, Linguística, História, Estética...

Um elemento original a ser assinalado está relacionado a uma filosofia da cultura ilustrada por Ernst Cassirer: constitui-se na procura de uma invariável presente no mito, na arte, na religião, na linguagem. Para Cassirer, o ser humano, definido como "animal simbólico", organiza sua experiência por meio das formas culturais simbólicas: o símbolo exprime a invariável. A linguagem, nessa visão globalizante, impõe a permanência, é ela que cristaliza e ordena o mundo das instituições, é ela que está no coração da função simbólica. A consciência elabora um universo expresso por formas culturais que manifestam um sentido no âmbito do sensível, pois elas testemunham a permanência do símbolo. Cabe, então, à Filosofia revelar a unidade de uma função que coordena todas as criações do ser humano, que seriam diferentes variações sobre um mesmo tema.

Cultura: um sistema de signos?

Na cultura, como na linguagem, há elementos cujas relações devem ser definidas. O estudo dos fenômenos culturais se voltou, sobretudo, para as manifestações (comportamentos, ritos, mitos, objetos artísticos etc.): manteve-se substancial, isto é, orientado para a análise

Jean Caune

da materialidade dos signos culturais. É possível identificar na cultura as estruturas formais de tipo em relação às que são introduzidas nas estruturas de parentesco ou nos mitos? Em outros termos, podemos discernir na cultura elementos discretos, isto é, isoláveis, que se apresentam como unidades de significação diferentes e opostas, como são as palavras em relação à língua? O conceito de signo, no sentido estrito, é pertinente para a cultura? A cultura é, com certeza, em suas diversas manifestações, portadora de significado, e esses significados particulares são válidos somente em relação à unidade da cultura. Para focarmos somente no plano geral, é claro que os elementos de uma cultura formam totalidades complexas. Esses elementos têm, além do mais, significados em razão das relações que eles mantêm entre si. Isso os faz então signos organizados em sistema?

O papel do signo é o de representar, tomar o lugar de outra coisa, evocando-a a título de substituição. Se nos limitamos a essa abordagem do signo que data da filosofia grega, fica claro que a cultura é constituída de signos de naturezas diversas: signos linguísticos, signos de cortesia, signos visuais, signos gestuais etc. Mas, ao mesmo tempo, esses signos se distinguem por seu modo de operação, seu campo de validade, sua natureza e tipo de funcionamento. Eles não são nem estáveis nem homogêneos, como o são os signos linguísticos. A contribuição fundamental de Saussure foi conceituar a natureza e o funcionamento do signo linguístico. Resultado da associação de uma parte material, o significante, e de uma parte simbólico-psíquica, o significado, o signo linguístico é arbitrário. Esse qualificativo indica que a união do significante e do significado, indissociáveis um do outro, estabelece uma relação convencional com a coisa designada. Sem detalhar excessivamente as especificidades do signo linguístico, lembremos que, para Saussure (1974, p.101):

> Os signos inteiramente arbitrários realizam melhor que os outros o ideal do procedimento semiológico; eis porque a língua, o mais complexo [*complexe*][1] e o mais difundido sistema de expressão, é também o mais característico de todos.

---

1 Embora na edição brasileira de *Curso de linguística geral*, de Saussure, tenha sido usado o termo "completo" no trecho citado por Caune, adotamos o termo "complexo", a partir da edição original francesa que registra. (N. T.)

Cultura e comunicação

A meu ver, a problemática do signo, na definição que é dada pela linguística, não é nada operante no que concerne a cultura vista como globalidade. E isso se dá, ao menos, por três motivos essenciais.

O primeiro é que, em se tratando de signos culturais, diferentemente dos outros signos linguísticos, esses signos não são convencionais, ou seja, não são definidos por convenção. Eles são, também, chamados de analógicos, uma vez que apresentam certo grau de semelhança com a coisa que eles designam.

O segundo motivo refere-se ao fato de que o significado dos signos culturais se estabelece em função da realidade na qual eles se manifestam. Um grande número de atos ou de comportamentos culturais somente ganha sentido na relação com as circunstâncias, com os modelos culturais nos quais se inscrevem e com as coisas do mundo social que eles designam. Esse aspecto não comparece da mesma forma no signo linguístico, que encontra sua significação no âmbito interno da língua e que exclui o referente do campo da significação.

Por último, o terceiro motivo é relativo à atividade expressiva e comunicativa em si. Os efeitos da fala, como em geral dos atos da comunicação, não dependem apenas da estrutura da língua ou de uma ordem própria ao modelo de comunicação. Os atos da fala realizam sua intenção graças ao fenômeno da enunciação que examinaremos mais adiante e que é caracterizado pelo envolvimento físico, psicológico e afetivo do sujeito no ato de comunicação.

Uma globalidade dada pela interação dos fenômenos

A eficiência da fala vem igualmente de dados que são extralinguísticos: eles não são da ordem da língua. Como mostra Pierre Bourdieu, o poder das palavras não está somente nas palavras: "A autoridade de que se reveste a linguagem vem de fora" (1982, p.105). Esse exterior da linguagem não se situa por outro lado somente na instituição que delega seu poder ao locutor, ele está também no investimento do locutor e no suporte técnico que veicula a fala.

No que se refere aos fenômenos culturais, os signos não realizam o sentido somente por sua combinação e suas referências ao mundo real. É preciso dar lugar às intuições de Marshall McLuhan, que atribui às técnicas de comunicação um papel fundamental no prolongamento das

Jean Caune

capacidades sensoriais dos indivíduos. O surgimento de uma nova técnica – seja a escrita alfabética, a ilustração, a tipografia ou, mais perto de nós, a transmissão à distância de conteúdos audiovisuais – provoca em uma cultura novas relações entre os sentidos (McLuhan, 1977, t.1). Assim, com o alfabeto e a tipografia, a visão obteve um lugar dominante na arte e se dissociou do sentido tátil e do auditivo. McLuhan mostra, além disso, que é válido considerar as línguas como "tecnologias do espírito", por constituírem um prolongamento ou uma expressão de todos os nossos sentidos ao mesmo tempo. É assim que, para ele, a escrita como forma fixada da fala "afeta diretamente a palavra, não só suas inflexões e sintaxe, como também em sua enunciação e usos sociais" (1977, p.63).

Jack Goody (1979) estendeu essas considerações indicando, em *Razão gráfica*, como qualquer mudança no sistema de comunicação tem necessariamente efeitos importantes nos conteúdos transmitidos. A importância da reflexão antropológica de Goody resulta do exame das modificações introduzidas pela escrita nas realidades culturais, tanto no plano de sua produção como no de sua difusão. Se a Linguística não se preocupava, por princípio, com os efeitos diferenciados do modo oral e do escrito e se a Sociologia tendeu a negligenciar o estudo dos desenvolvimentos técnicos voltados às ações de comunicação, a análise cultural vê-se obrigada a lançar uma ponte entre os fenômenos sociais e os produtos culturais e seus instrumentos de produção.

Para concluir sobre a globalidade da cultura, esta não é dada por um sistema de signos, mas pelas interações entre os modos de pensamento, os meios de comunicação e as representações (seus conteúdos e suas formas). E se a língua intervém para construir essa globalidade, é porque nós nos defrontamos com os modos de expressão, comportamentos, ritos e, em geral, com os fenômenos culturais, somente por meio da maneira com que nós os representamos verbalmente. A língua apresenta uma característica única: é, como escreve Benveniste em um artigo fundamental, "A semiologia da língua", o intérprete da sociedade e de qualquer sistema significante (1966b, p.43-66). Com efeito, é impossível descrever a sociedade, compreender a cultura, sem a língua. Nenhum outro sistema dispõe de uma "língua" na qual a sociedade possa se categorizar e se interpretar, ao passo que a língua pode, em princípio, interpretar tudo, incluindo ela própria. Benveniste explica que essa propriedade vem de sua natureza de dupla significância: sua significância semiótica, que ela deve ao signo linguístico, e sua significância semântica, que vem do sentido do enunciado e que não é, evidentemente, resultado da justaposição dos significados de palavras. Essa distinção é essencial: "é necessário ultrapassar a noção saussuriana do signo como princípio único, do qual dependeria simultaneamente a estrutura e o funcionamento da língua" (1966b, p.66).

Para o nosso interesse aqui, a questão da língua nos leva a diferenciar, entre os fenômenos culturais significantes, aqueles que remetem a uma semiótica, nos quais podemos definir unidades significantes (os signos), e aqueles que remetem a uma semântica, que produzem sentido mesmo que não sejam organizados em sistemas de signos. Assim, a música poderia ser considerada como um sistema que possui uma sintaxe, dada pelas leis da composição, que produz sentido, a partir da instituição de relações entre o ouvinte e a música, entre os próprios ouvintes e entre a forma musical e a sociedade, sem contudo possuir uma semiótica, pois suas unidades, que são os sons, não têm significado em si mesmas. O aspecto mais importante para a análise cultural, no plano da comunicação, é a abertura para o sentido, considerado como relação social, por meio do mundo da enunciação.

Além da linguagem articulada

Na percepção da linguagem como componente da cultura, não podemos nos limitar à linguagem articulada, aquela das línguas naturais. Os seres humanos se comunicam entre si por outros meios além das palavras. Os gestos, as imagens, os sons têm um papel importante, que, no entanto, varia segundo as diferentes culturas. Essa comunicação não linguística não aparece somente no campo da arte; em geral, ela permite a manifestação das emoções, organiza a representação de si mesmo, põe em cena o indivíduo no âmbito de suas atividades sociais. Não devemos esquecer que é primeiro pelo corpo que os seres humanos se comunicam.

A influência: uma modalidade da transmissão cultural

Antes de examinar os meios e os procedimentos de comunicação que modelam as relações interpessoais e, por esse motivo, permitem a compreensão entre as pessoas e a transmissão dos conteúdos culturais, é preciso dizer uma palavra sobre a noção de influência. Esta, de fato, é frequentemente utilizada para explicar, por exemplo, os processos de aprendizado do ponto de vista da socialização, da recepção das comunicações de massa ou ainda das filiações entre as correntes artísticas. O processo de influência intervém na organização da percepção, na transmissão da herança cultural ou nas relações interculturais. Essa noção é, no entanto, questionável se a consideramos de um ponto de vista mecanicista, que estabeleceria uma ligação de determinação causal entre um fenômeno, identificado como causa, que exerce sua influência para produzir fenômenos, resultantes do primeiro e considerados como efeitos. Assim, para Gabriel Tarde, psicossociólogo da segunda metade do século XIX, a relação social entre dois indivíduos, as relações dentro de uma sociedade, bem como as relações entre as civilizações, são construídas pela imitação ou recusa. Esse processo, embora complexo, seja ele do campo da sugestão, da propagação ou do contato, funciona no modo da influência.

Certo número de autores fazem da influência, da persuasão, o fundamento do processo de comunicação. Outros, como Michel Crozier (1977), concebem a ideia de poder como relação de influência. No âmbito da cultura, a influência se encontra igualmente no centro do processo que regula a relação desta com o indivíduo. A psicologia social, ao examinar as relações entre personalidade e meio ambiente social, as toma desde uma perspectiva de reciprocidade, de influência mútua: o meio é, ao mesmo tempo, agente e resultante.

A influência não é exercida se não for no âmbito de uma relação, e essa noção é central tanto nos fenômenos de cultura como nos de comunicação. Para o antropólogo Gregory Bateson, o conceito de comunicação deveria compreender todos os processos pelos quais os indivíduos influenciam uns aos outros, o que o levava a adotar uma posição científica centrada na observação das relações humanas. Para a pragmática da comunicação, segundo a escola de Palo Alto, acontece o mesmo: na relação interpessoal, é impossível não se comunicar, assim como não é possível não influenciar o outro. Essa corrente teórica define então a comunicação como conteúdo e relação. É, igualmente, o ponto de vista da relação que está no campo de pensamento das teorias interacionistas que consideram a sociedade em termos de

Cultura e comunicação

ações recíprocas e de relações. No próximo capítulo, encontraremos esse conjunto de noções, evocando o conceito de comportamento como fundamento da cultura e como unidade elementar do processo de comunicação.

A abordagem cultural da comunicação

A implicação recíproca da cultura e da comunicação é especialmente sensível em certas correntes da antropologia anglo-saxã (Bateson, 1977; Bateson; Ruesch, 1988; Hall, 1971; 1984). Duas concepções alternativas da comunicação são particularmente vivas na cultura norte-americana do século XIX, ambas derivando de uma origem religiosa: um ponto de vista da transmissão e um ponto de vista "ritual" (Carey, 1989).

O primeiro ponto de vista concebe a comunicação como o processo de transmissão e de distribuição de mensagens, tendo em vista o controle do espaço e do seu povoamento. Essa visão tem, é claro, motivações políticas e mercadológicas. Mas no que concerne à cultura norte-americana, o primeiro motivo dessa conquista do espaço é trazido pelos puritanos da Nova Inglaterra, desejosos de escapar do Velho Mundo para criar uma nova vida e fundar uma Nova Jerusalém. Antes de se tornar, sob os efeitos da técnica e da secularização, um fenômeno de transmissão técnica, a ideia de "transporte", particularmente quando se referia à condução das comunidades cristãs vindas da Europa ao encontro de comunidades pagãs, guarda profundas implicações religiosas. O segundo ponto de vista, qualificado de "ritual", remete evidentemente a uma dimensão etimológica do termo "comunicação", que evidencia a ideia de partilha, de comunhão. Esse ponto de vista, que podemos qualificar de "cultural", visa organizar o processo de partilha da crença no tempo, e não no espaço; ele encara a comunicação como a construção e a manutenção de uma ordem significante no plano cultural. Essa abordagem privilegia os processos simbólicos que projetam os ideais da comunidade e os incorpora sob formas materiais e artificiais: dança, teatro, cerimônias, recitais etc.

Carey observa que esse segundo ponto de vista da comunicação está longe de ser dominante no estudo das mídias. Esse ponto cego resultaria da fragilidade e efemeridade da noção de cultura no pensa-

Jean Caune

mento norte-americano. Já que é voltado para si mesmo, este dissolve a noção de cultura em uma categoria residual, utilizável unicamente quando os dados psicológicos e sociológicos são explorados. A explicação dada por Carey é interessante. O desaparecimento da ideia de cultura, na concepção predominante da comunicação, seria obra de um individualismo obsessivo que dá à vida psicológica uma dimensão primordial; de uma perspectiva puritana que desdenha qualquer atividade que não seja orientada para o trabalho e, por fim, de uma separação entre ciência e cultura: a ciência produzindo a verdade, enquanto a cultura seria da alçada do erro etnocêntrico.

Cultura e comunicação: formas expressivas estáveis

A concepção cultural da comunicação, quando teorizada com maior densidade, pode se apoiar em uma perspectiva hermenêutica, fundada por Wilhelm Dilthey e continuada por Hans G. Gadamer (1996) e Paul Ricoeur (1986). Essa abordagem foi ilustrada por Victor Turner, especialmente na antropologia da "performance", fazendo-a uma parte essencial da antropologia da experiência (1982).[2]

Turner se refere ao conceito de experiência vivida (*Erlebnis*) forjado por Wilhelm Dilthey no final do século XIX. Este, ao contrário de Kant, concebia a experiência da vida por meio das categorias formais. Unidade e multiplicidade, semelhança e diferença, parte e totalidade: tais são, para Dilthey, os conceitos elementares que organizam essas categorias formais, quer elas se manifestem em uma formação natural, em uma instituição cultural ou um evento psíquico.[3]

A contribuição de Dilthey para as "ciências do espírito" é fundamental, na medida em que, como réplica ao positivismo, ele procura

---

2 A performance, quer ela se apresente no contexto de uma peça de teatro, de uma coreografia ou, ainda, de uma conferência de imprensa, ou da retransmissão pela televisão de um atentado contra um político, é difícil de definir e de localizar: o conceito e a estrutura se propagaram em todas as áreas. Trata-se de um conceito étnico e intercultural, histórico e ahistórico, inestético e ritual, sociológico e político. A performance é um modo de comportamento e uma dimensão da experiência vivida. Podemos aproximá-la do conceito de "dramatização" (Caune, 1981).
3 Poderíamos, além disso, acrescentar a esses conceitos estruturais aqueles de similaridade e contiguidade encontrados (metáfora e metonímia) tanto nos ritos miméticos (Mauss, 1973), como na linguagem e na poética (Jacobson, 1973) ou nas estruturas do inconsciente. Para os quais se pode estabelecer correspondências segundo as disciplinas (Caune, 1997).

Cultura e comunicação

dotá-las de uma metodologia e de uma epistemologia. Qualquer ciência do espírito – e Dilthey se refere dessa forma a todas as modalidades do conhecimento do ser humano que impliquem uma relação histórica e em uma inserção nas relações sociais – supõe uma compreensão do espírito (Ricoeur, 1986). As ciências do espírito supõem a capacidade de se transpor na vida psíquica do outro. O ser humano não é radicalmente um estranho para outro ser humano, porque ele lhe dá sinais de sua própria existência. "Compreender esses sinais, é compreender o homem" (Ricoeur, 1986, p.83). Essa perspectiva hermenêutica é fundamental para a análise da cultura e da comunicação. É em razão da natureza do psiquismo caracterizado pela intencionalidade – isto é, a propriedade de projetar um sentido possível de ser identificado – que as manifestações culturais são transmitidas e podem ser analisadas.

Essa passagem, pela dimensão cultural da noção de comunicação e pela dimensão das manifestações expressivas (oral, escrita, plástica, corporal etc.) e intencionais da experiência vivida, leva-nos a evidenciar três atributos do fenômeno comunicacional em sua relação com a cultura.

Em primeiro lugar, o uso de um meio de comunicação não tem como efeito apenas fornecer dados informativos, ele é o lugar de participação e de ação em um mundo vivo global, ordenado e estruturado. Como configuração de forças ativas, a comunicação nos compromete, muitas vezes de maneira indireta, e nos leva a assumir nosso posicionamento social.

Em segundo lugar, o processo de comunicação é a base de qualquer construção de comunidade. John Dewey, um dos fundadores da filosofia pragmática, fazia da experiência sensível a base da construção do ser e de sua participação na cultura (1939). Ele via no processo de comunicação a origem do vínculo social, porque ela é o meio pelo qual os seres humanos compartilham suas crenças, aspirações, objetivos... (1916). O exame da dimensão cultural da comunicação não é nada mais do que levar em conta o processo simbólico pelo qual a realidade se constrói, se mantém e se transforma. Esse processo permite a partilha da experiência sensível e inteligível. Essa concepção cultural da comunicação foi desenvolvida pelos sucessores de Dewey da Escola de Sociologia de Chicago: de Mead a Cooley, passando por Robert Park até Erving Goffman.

Jean Caune

Essa é a razão pela qual eu não concordo com o ponto de vista polêmico e estreito de Debray (1994, p.58), que nega "às categorias recebidas da comunicação" a possibilidade de pensar os fenômenos de transmissão em suas relações com o suporte material, o *médium*. É verdade que ele se esforça para considerar os trabalhos sob a rubrica social "Informação e Comunicação" como aplicação da noção "de ato de comunicação, entendida como relação dual e pontual entre um polo emissor e um polo receptor, com somente um código comum nas extremidades da linha..." (Debray, 1994, p.62). Nessa medida de avaliação, como se surpreender que a fundação de uma nova disciplina, a *Mediologia*, lhe parecera como do domínio de um imperativo epistemológico categórico?

Debray reduz a comunicação como fenômeno à comunicação como conceito. E, na captura deste último, ele se contenta de encará-lo através do paradigma redutor da transmissão de uma informação segundo o modelo ternário do emissor, mensagem e receptor. Esse paradigma saído da teoria matemática da informação e das concepções comportamentais fundadas no processo do estímulo-resposta é, evidentemente, demasiado esquemático [fragmentado] para descrever e compreender os fenômenos de comunicação. Além do código e da mensagem, a compreensão dos processos de comunicação exige levar em conta não somente a materialidade do suporte, mas igualmente as condições e expectativas da relação interpessoal inscrita em um âmbito espaçotemporal.

Na verdade, é preciso considerar a comunicação como um fenômeno fundamental que permite a existência do conhecimento e transmissão de uma experiência, que sem ela cairia no esquecimento.

3
Cultura é comunicação

Cultura, uma noção construída pelas ciências humanas. As diferentes acepções da cultura segundo as disciplinas. Concepções da cultura e definições dos processos de comunicação. A cultura "ordinária [comum]". Personalidade, comportamento e relações interpessoais.

Os elementos constitutivos da cultura e dos fenômenos da comunicação apresentam características próximas. A cultura é apreendida como um conjunto muito complexo e diversificado de representações e objetos, organizados por relações e valores: tradições, normas, religiões, artes etc. A transmissão de conhecimentos de geração em geração, assim como a difusão dos valores e, também, dos padrões de comportamento se efetivam segundo os encadeamentos dos atos de comunicação. Minha lógica de apresentação é guiada aqui por dois princípios interdeterminantes: a cultura como ato de comunicação; a linguagem como modo de transmissão e de interpretação das formas culturais.

Examino neste capítulo como as ciências humanas definem o campo da cultura e de que maneira consideram a natureza dos processos de comunicação, que difundem a herança cultural e regulam as relações sociais.

Jean Caune

Ciências humanas e fenômenos culturais

A Antropologia

A antropologia cultural, em seu senso estrito, preocupa-se com uma interpretação teórica dos fenômenos culturais, procurando transpor a diversidade das culturas e definir as características comuns de qualquer vida em grupo. A antropologia cultural, como ciência do homem e de suas produções, poderia se distinguir da antropologia física, que estuda o ser humano no contexto da evolução de sua realidade física.

Émile Durkheim, ao separar o sagrado e o profano, atribuía um estatuto simbólico aos objetos sagrados: sua teoria da "consciência coletiva" se apresentava como uma teoria das formas simbólicas. Marcel Mauss, em 1924, prossegue e amplia a proposição ao interrogar sobre o aspecto simbólico do acontecimento social e refletir sobre os fenômenos da dádiva [*don*] e da magia (1973). Dez anos mais tarde, Ruth Benedict define a antropologia cultural como "a ciência do costume". Em sua obra sobre os "Padrões de cultura", como nos trabalhos de Mauss, aparece a ideia de que a sociedade, nos seus costumes e instituições, se exprime simbolicamente.

A Etimologia, disciplina que estuda o social em termos que atestam a relação entre o social e o humano, realiza uma ponte entre Antropologia e Sociologia.

A Sociologia

A Sociologia postula a existência de fenômenos sociais subordinados ao princípio da ordem e da inteligibilidade. O pai da Sociologia moderna é, sem dúvida, Auguste Comte, não somente porque forjou o termo, mas porque a concebe como ciência que deve estruturar os fatos sociais como específicos e irredutíveis a outros fenômenos. Comte confere um lugar importante à arte e à atividade estética. Para ele, a linguagem e, de modo geral, as lógicas dos sentidos, dos signos e das imagens nos conduzem à aquisição de conhecimentos e à comunicação social. Para retomar a fórmula de Durkheim, que desenvolve a ambição positivista de Comte, a Sociologia deve se voltar ao exame dos "fatos sociais como coisas". No que diz respeito mais precisamente aos fenômenos culturais, deve se preocupar com a complementaridade entre o psiquismo individual e a estrutura social. Como sugere Mauss, o objeto da Sociologia é o de recompor o todo de modo que o "fato social total" conjugue, por um lado, os fatores sociais e individuais e, por outro, as dimensões física e psíquica. Compreende-se, então, a importância que Mauss atribuía às relações entre Psicologia e Sociologia, as quais ele considerava ciências antropológicas. A primeira pode prestar serviços à segunda no que concerne, por exemplo, às representações coletivas e aos comportamentos sociais que lhes corresponde.

A sociologia psicológica e a psicologia social

A sociologia psicológica pode se identificar com a antropologia cultural, tal como ela foi desenvolvida nos Estados Unidos, no final dos anos 1930, com Ralph Linton, que reformula o debate sobre as relações entre indivíduo e cultura (1986). Para a sociologia psicológica, que é uma das ramificações da Sociologia, a sociedade é uma realidade primordial: não há cultura senão onde existe sociedade. A sociologia psicológica estuda, portanto, a sociedade enquanto realizada e concretizada nos comportamentos, com a dimensão psicológica subordinada, então, ao social. Isso fica evidente pela questão do comportamento por meio do qual o indivíduo reconhece o âmbito social, ao assumi-lo e ao se tornar sensível à sua influência, algo que a sociologia psicológica considera uma relação entre cultura e comunicação. A cultura, examinada em sua totalidade, é transmitida e se interioriza pelas vias da aprendizagem, da aculturação e da integração social.

A psicologia social, em particular, estuda o comportamento do indivíduo no grupo, considerando o meio ambiente da pessoa de seu ponto de vista psicológico, e não como um meio em si do ponto de vista do observador. É, pois, por meio das relações interpessoais que a psicologia social examina as atitudes e os processos de comunicação. Ela aparece, no primeiro terço do século XX, com George Herbert Mead, que trata os comportamentos individuais como elementos de um todo que é o grupo e considera as interações sociais em sua estruturação simbólica (1963). Ela se desenvolve em seguida, em particular nos Estados Unidos, com as noções de papel e personagem. O que nos interessa em particular está no âmbito da dimensão comunicacional presente em um grande número de pontos de vista característicos da psicologia social, ou inspirados por ela. Como exemplos podemos citar: a teoria comunicacional da intersubjetividade, de Mead; a análise das mídias de massa segundo uma perspectiva psicológica funcionalista, fundamentada em seus "usos e gratificações", isto é, um estudo das mídias do ponto de vista da satisfação das necessidades dos indivíduos; ou, ainda, a etnometodologia que ressalta a prática cotidiana, tal como ela aparece nas interações, nas interpretações dos participantes e na situação contextual.

A Estética

Podemos definir o nascimento da estética em Kant com *A crítica da faculdade de julgar*. O texto examina as condições da subjetividade do gosto, estabelecendo uma relação entre as faculdades inteligíveis e sensíveis. A Estética ressalta a subjetividade, vinculando o julgamento de gosto à razão humana. Com a Estética, trata-se menos de definir o que é o Belo do que interrogar sobre o prazer sensível proporcionado pela imaginação. Mesmo sem evocar os desdobramentos do pensamento de Kant no estudo das formas simbólicas, nem as diferentes orientações da estética, notemos por ora que nele se dá o nascimento da estética sociológica. Esta se preocupa em estudar a arte em sua função social, isto é, sua capacidade em socializar o que há de mais individual no ser humano: suas sensações, suas percepções, seus sentimentos. Vale acordar, então, que não podemos nos satisfazer somente com a sociologia estética quando nos deparamos com o exame das modalidades comunicativas da arte.

Diferentes acepções da cultura

Natureza e cultura

A acepção mais corrente opõe a natureza à cultura. Esta estaria no campo do adquirido em oposição ao inato, que pertence ao âmbito da primeira. Malinowski, mesmo sem realçar essa dualidade, a leva em conta implicitamente. Alçando a cultura a um nível elevado, ele faz dela "o todo global consistente de implementos e bens de consumo, de cartas constitucionais para os vários agrupamentos sociais, de ideias e ofícios humanos, de crenças e costumes" (Malinowski, 1968, p.35). Essa visão ampla admite, então, que com a cultura "o homem cria para si um segundo meio ambiente social". Ela levanta numerosas questões filosóficas e epistemológicas; aqui destacamos algumas observações a esse respeito.

1. A própria definição de cultura comumente admitida pela antropologia cultural carrega em si a noção de globalidade. No sentido antropológico, tudo o que é humano, tudo o que é dotado de significação, é parte integrante da cultura.

2. Essa compreensão ressalta a questão do universal na natureza humana: questão central e essencial da Antropologia. Para a sociologia psicológica, por exemplo, a natureza humana é estudada a partir da noção de motivação. Seja ela expressa em termos de instinto ou de necessidade, a motivação aparece como um impulso natural anterior à socialização. Malinowski considera que a análise cultural deve desvendar o que está subordinado às leis universais e determinar a relação do ato natural com as necessidades do ser humano, necessidades elementares ou derivadas.

   As necessidades fisiológicas, consideradas primárias, e as necessidades psíquicas derivadas são definidas por Linton em seu caráter universal, sem levar em conta determinações históricas e sociais. Abraham Kardiner contribui com um esclarecimento de inspiração psicanalítica, utilizando a noção freudiana de pulsão e, mais particularmente, de Libido, tratadas sempre como uma dimensão universal da natureza humana.

   A Psicanálise é uma perspectiva que não deve ser desprezada nessa investigação da totalidade do sentido e da forma dos atos humanos, pois ela é a compreensão dos fatos psicológicos. Os atos humanos não são percebidos como outras tantas coisas, mas como os diferentes aspectos dos atos do sujeito. As relações entre a Psicanálise e a antropologia cultural são complexas. Evoquemos a importância da obra de Freud, cujo propósito era de reinterpretar a totalidade das produções psíquicas que estão relacionadas à cultura: religião, moral, arte. A questão da pertinência da Psicanálise para a análise da cultura se coloca em um duplo plano. Os processos primários do inconsciente são apropriados para explicar produções culturais outras que não as linguísticas? No entanto, o conceito de inconsciente não corre o risco de se banalizar e de perder sua especificidade conceitual quando utilizado fora da área da terapia psicanalítica? Esse é o caso, por exemplo, de Kardiner (1969, p.27) que, ao retomar os conceitos freudianos, reduz a fratura entre o consciente e o inconsciente.

3. A oposição entre natureza e cultura se revela muito mais ampla por ser operante no plano da análise cultural: a cultura seria o que é dotado de sentido. Essa definição do sentido é por si só ambígua, uma vez que se utiliza de duas acepções. A primeira, em sua dimensão semiótica, concebe o sentido como relação entre uma manifestação perceptível e aquilo que ela designa. A segunda, uma acepção semântica, faz do sentido uma relação social. A cultura, em sua oposição à natureza, define-se mais como conteúdo residual – o que não é inato – do que como conteúdo positivo. Essa concepção torna delicada, por sua extensão, a determinação do que é cultural, no mundo material, nas relações interpessoais ou no mundo imaginário.

Não é fácil evidenciar, nas sociedades contemporâneas, o que não seria produto da cultura. Além do mais, essa oposição carrega o risco de produzir um mal-entendido, uma confusão entre natureza humana e condição humana. Conforme analisa Hannah Arendt (1983), a condição humana se manifesta no trabalho, na obra e na ação: ela é o produto histórico da atividade humana e dos fatores de sua existência. O mundo no qual se desenrola a *vita activa* é constituído por objetos produzidos pelos seres humanos, que determinam as relações entre eles: tudo o que eles reúnem como resultado de suas atividades, imediatamente, passa a incorporar sua condição existencial.

Cultura e comunicação

4. Resulta dessa definição uma concepção bem ampla dos fenômenos de comunicação. Todos os processos de relação e de transmissão que permitem a perpetuação da cultura de um grupo são considerados fenômenos de comunicação. A adaptação do ser humano ao meio social, os processos de cuidado da natureza física e, de forma mais geral, as grandes unidades significantes do discurso e dos acontecimentos humanos entram, então, na categoria dos fenômenos de comunicação.

Técnica e cultura

Uma acepção mais restrita nos leva a retomar a oposição da filosofia grega entre *praxis* (relação entre os seres humanos) e *techné* (relação entre os seres humanos e as coisas). A dimensão cultural se opõe à técnica e, então, reagrupa crenças, ritos, normas, valores, modelos de comportamento:

> A cultura de um grupo, se acreditamos no antropólogo, é essencialmente o inventário de todos os padrões de comportamento abertamente manifestados pela totalidade ou parte de seus membros. [...] O verdadeiro lugar da cultura reside nas interações individuais e, em um plano subjetivo, no universo de significações que cada um pode construir graças às suas relações com outrem. (Sapir, 1967, p.94)

Nessa definição que Sapir toma da Antropologia, a cultura, embora não exclua as áreas da ação sobre a natureza e as coisas, não inclui diretamente a técnica. Não que a Antropologia tenha ficado insensível à materialização da cultura no âmbito técnica – os trabalhos de André Leroi-Gourhan provam isso –, mas sua ênfase se dá em relação às relações interpessoais. Essa acepção nos remete a algumas observações relativas aos fenômenos de comunicação.

1. Desde o ponto de vista que se sustenta no reconhecimento da cultura no contexto da intersubjetividade, a consciência do social só aparece no indivíduo a partir da presença do outro. Assim, o indivíduo projeta e realiza as normas sociais e os

modelos culturais dentro do modelo conversacional e da apresentação de si mesmo.

2. Os fenômenos de comunicação passam a ser examinados, então, como processos de influência recíproca que se exercem nas relações interpessoais. A relação que se estabelece entre duas subjetividades, portadoras de uma história pessoal, perde espaço para aquela resultante de um processo de estímulo-resposta, organizador dos comportamentos e das manifestações psíquicas. Esse ponto de vista, que é o da escola de Palo Alto, se limita a considerar o fenômeno de comunicação – realizado nas formas de socialização, como os processos de aprendizagem, ou nas relações em ambientes fechados, como é o caso da família – como um processo de respostas condicionadas a estímulos isoláveis. O modelo comunicacional se define, assim, como um processo mecânico, fundamentado em uma dinâmica linear: emissor-mensagem-receptor.

Cultura e personalidade

Com a sociologia psicológica, o quadro fica mais restrito. Em *Cultura e personalidade*, que data de 1945, Ralph Linton toma a cultura como "a configuração de elementos aprendidos e de seus resultados, cujos componentes são compartilhados e transmitidos pelos membros de uma determinada sociedade" (1986, p.33).

A ênfase aqui se dá nas características de uma personalidade construída, que se insere no interior de uma coletividade e favorece a integração do indivíduo no grupo. Kardiner estenderá essa concepção, definindo uma "personalidade de base", modelo abstrato que representa a configuração característica dos membros de uma dada sociedade. Essa configuração se manifesta por certo estilo de vida e de maneiras de agir, a partir da qual os indivíduos desenvolvem sua singularidade. A noção de "personalidade de base" é a tradução em termos psicológicos da cultura de grupo; ela é a matriz a partir da qual se modelam as personalidades individuais.

O comportamento, nessa perspectiva, está no centro do funcionamento da cultura. Desse ponto de vista, as relações interpessoais vividas pelo indivíduo no grupo são captadas a partir de sentimentos

Cultura e comunicação

de pertencimento, de autoafirmação e de integração no grupo. Esse é também o ângulo de análise daqueles que invertem parcialmente as causalidades e fazem do comportamento do indivíduo o resultado ou a manifestação de uma estrutura que se impõe a ele e o transcende.

No que diz respeito à relação entre indivíduo e grupo, vale observar uma distinção clássica da Sociologia, entre comunidade e sociedade. Essa distinção é importante para nosso relato sobre a cultura. A comunidade se define por fortes ligações afetivas, por um pertencimento dificilmente revogável, pela dedicação dos esforços individuais em benefício da comunidade, bem como por valores comuns. A sociedade, ao contrário, define-se por interesses individualizados, por contratos revogáveis e, ainda, por ligações afetivas frágeis. A sociedade industrializada provoca uma deslocalização das comunidades; ela é caracterizada por uma cultura cuja força de coesão se degrada e por modelos de comunicação maciços que distanciam os indivíduos. Tem-se como resultado o enfraquecimento dos vínculos sociais subjacentes às microculturas, que envolvem as comunidades sempre prontas a compartilhar uma solidariedade afetiva e efetiva, o que não é mais oferecido pela sociedade em seu todo.

Por conseguinte, a definição dos fenômenos de comunicação pode ser tratada em diferentes planos.

O primeiro é interno ao grupo: está relacionado a situações de intercâmbio, de diálogo, de *liderança*. Essa dimensão abre um campo de pesquisas em comunicação a partir das relações interpessoais. Por exemplo, a Escola das Relações Humanas, no campo da Administração, é fundamentada na análise da motivação e da satisfação das necessidades de reconhecimento e de pertencimento ao grupo.

O segundo plano intervém na relação do indivíduo com seu meio. Ele pode ser considerado a partir da representação que dele faz o indivíduo, portanto, em uma perspectiva psicológica, ou como uma realidade em si, quando tomado do ponto de vista de um observador exterior ao grupo.

A dimensão da comunicação, tal como ela se manifesta nos comportamentos dentro das comunidades, é objeto de trabalhos importantes, como os de Erving Goffman (1973) sobre "a representação do eu na vida cotidiana". Goffman não se interessa pelo indivíduo e por sua psicologia particular; mas, sim, pelas relações que unem diversas

Jean Caune

pessoas em ações de colaboração e apoio mútuo: os participantes de uma interação se influenciam reciprocamente quando estão em presença física uns dos outros.

Pode-se qualificar de empíricas as análises da ação do meio sobre o indivíduo que procuram avaliar os efeitos da comunicação nos comportamentos. Em parte, porque seus resultados são provenientes do estudo de grupos experimentais, constituídos para atender à análise. É o caso, por exemplo, de Kurt Lewin que propõe o conceito de Forma, emprestado da teoria psicológica da *Gestalt* sobre o grupo. Essa teoria, que se aplica primeiramente à área da percepção sensível, define a Forma como totalidade: as partes aparecem como dependentes umas das outras, na sua relação com a totalidade, objeto da percepção primeira. Lewin considera o grupo como do âmbito conceitual da *Gestalt*: o indivíduo é considerado uma parte do grupo e seu comportamento é o produto de sua singularidade e da estrutura do grupo. Outras análises, em particular as que se desenvolveram nos Estados Unidos antes e após a Segunda Guerra Mundial, a respeito dos efeitos das propagandas de opinião, são fundamentadas em grupos montados artificialmente e na captação de dados quantitativos.

Cultura erudita e cultura de massa

Com o aparecimento da sociedade de massa, isto é, da sociedade de produção e de consumo em massa, surgiu uma nova oposição entre cultura erudita e cultura de massa.

A primeira noção compreende o gosto e o conhecimento de produtos mais elaborados e legitimados, aqueles que se realizam no objeto artístico. É preciso insistir sobre a importância da obra de arte como compreensão do "ser no mundo": compreendemos a experiência humana pelos contornos das expressões manifestadas nas obras da cultura (Arendt, 1972). Com a sociedade industrial e a emergência das indústrias culturais, o corte entre a cultura erudita e as formas de diversão e de lazer da maior parte da população se acentuou. A cultura de massa é aquela difundida pelas mídias de massa. Essa distinção é, evidentemente, muito ideológica: ela opõe, no plano dos valores, a cultura clássica, tal como ela pode ser transmitida pela tradição, à produção e difusão dos produtos oferecidos pela indústria do entretenimento e destinados a serem consumidos como os demais objetos de consumo.

A distinção entre cultura de massa e cultura erudita é analisada por Hannah Arendt em três planos.

O primeiro diz respeito à evolução histórica da sociedade. O aparecimento de uma esfera pública no século XVIII permite que um público esclarecido, culto, constitua-se como opinião pública, a qual se legitimava pelo uso público da razão. A imprensa, os salões e, em geral, as *Luzes* favoreceram a difusão e a discussão de uma cultura que era a de indivíduos e grupos cujas condições de vida e de trabalho permitiam a posse do saber. Observemos que é pela difusão da Razão, por intermédio dos meios de comunicação dominantes nos séculos XVII e XIX (a imprensa, o teatro, o livro), que se elabora e se transmite essa cultura.

O segundo plano aparece com o movimento histórico e político que conduz à sociedade de massa. Ele se realiza pela conjunção, por um lado, do desenvolvimento econômico e industrial e, por outro, da democracia. Durante todo o tempo em que a sociedade estava restrita a certas classes da população, os indivíduos que dela estavam excluídos encontravam formas de pertencimento e formas culturais naquilo que podemos chamar de cultura popular. Com a sociedade de produção de massa, tal como aparece progressivamente na primeira metade do século XX, a "sociedade começou a monopolizar a 'cultura' em função de seus objetivos próprios, tais como posição social e *status*" (Arendt, 1972, p.259).

A cultura, nesse sentido restrito, aparece como uma das "armas" mais bem adaptadas para se posicionar e progredir na escala social. Essa instrumentalização da cultura faz dela uma moeda simbólica, um signo de "distinção", para retomar o termo utilizado por Pierre Bourdieu.

Por fim, o terceiro plano é do âmbito da economia. A sociedade de massa, com o desenvolvimento das técnicas de comunicação, abriu um novo mercado, o do entretenimento e das indústrias culturais. A cultura difundida pelas mídias de massa tornou-se um bem de consumo; e essa transformação foi possível pela disponibilização de tempo para o lazer e pelo crescimento das classes médias. A cultura de massa passa a existir quando a sociedade de massa se apodera dos objetos culturais. O perigo, como observa Hannah Arendt, não é o de que os bens culturais sejam difundidos massivamente, como já acontecera, por exemplo, pelo proliferação dos *pocket books* ou dos meios audiovisuais. Ao contrário, esse processo de difusão contribuiu para o desenvolvimento cultural da sociedade, não atingindo a natureza dos objetos em questão: "Sua natureza é afetada quando esses mesmos objetos são modificados – reescritos, condensados, resumidos, reduzidos a *kitsch* na reprodução ou na adaptação para o cinema" (Arendt, 1972, p.267).

A cultura de massa não é uma forma degradada da cultura por seu caráter de massa; ela assim se torna quando os objetos artísticos legados pela tradição são tratados pelas lógicas da produção e da difusão massivas, como objetos que têm apenas a função de atender às demandas do entretenimento.

Código ou existência?

Outra oposição pode ser feita. Ela distingue, de um lado, a cultura como existência e manifestação singular do indivíduo e, de outro, a cultura como código. Definamos o código como um conjunto de regras ou de símbolos que, por convenção social, organizam a circulação das informações e expressões.

Com o nascimento da Quinta República e a criação de um Ministério da Cultura, em 1959, tal oposição ganhou significados políticos, na medida em que cobre o que está em jogo nas políticas culturais conduzidas pelo Estado. A consideração da cultura como âmbito da experiência existencial leva em conta como base as expressões dos indivíduos, sem questionar se essas expressões (linguísticas, plásticas, sonoras...) são relativas às normas ou tradições. Fica claro, por exemplo, que a abordagem da cultura a partir da noção de personalidade põe em destaque o que há de essencial no comportamento singular da pessoa e que é da ordem do existencial.

A cultura como realização pessoal

O tema da cultura como realização da vida é amplo e só emerge quando a cultura parece extraída da vida do cidadão comum, do "homem sem qualidades" para relembrar o título do romance de Robert

Musil. Foi o sociólogo alemão Georg Simmel quem desenvolveu, nos primeiros 25 anos do século XX, o conceito de cultura a partir de duas noções correlatas às de sujeito e objeto (1988, p.177-215). O valor específico da cultura só tem sentido, para Simmel, se o conhecimento, o *know-how* e a sensibilidade trazidos pela cultura contribuírem para o desenvolvimento do psiquismo individual. O ser humano é culto se os esforços conscientes e expressivos que põe em prática para satisfazer seus próprios interesses são significativos na constituição da unidade do seu ser. Esse caminho conduz o psiquismo da unidade fechada nela mesma a uma unidade desdobrada em uma relação com o mundo. Esse processo só se efetiva lá onde o ser humano inclui em sua evolução alguma coisa que lhe é exterior e que Simmel chama de "criações do espírito objetivo": a arte, a moral, a ciência, as normas sociais... Essas criações são como "estações" pelas quais o sujeito deve passar para ganhar esse valor específico que é a cultura. Assim, a cultura só pode ser compreendida no encontro de dois elementos: a dimensão subjetiva e espiritual do ser humano e as criações objetivadas do espírito humano.

A força da concepção de Simmel está na não separação entre cultura e vida, sendo esta a energia psíquica que contém seu próprio passado e que determina os processos de vontade, intencionalidade e vocação do indivíduo, que constroem seu futuro. O ser humano, em sua atividade prática e sensível, coloca e vê diante dele objetos, formas e relações que são, em certo sentido, autônomos e dão sentido ao processo da vida. Esse dualismo da cultura, formulado por Simmel, na relação entre a espontaneidade do agir individual e os conteúdos objetivos e normalizados, em outra perspectiva, é denunciado por Antonin Artaud, em 1937: "há um estranho paralelismo entre esse esboroamento generalizado da vida, que está na base da desmoralização atual, e a preocupação com uma cultura que nunca coincidiu com a vida e que é feita para reger a vida" (Artaud, 1964, p.9).

A cultura ordinária

A ruptura entre a cultura como meio pelo qual uma sociedade hierarquizada mantém um código de critérios definidos e a cultura vivida na vida cotidiana tornou-se patente com os acontecimentos de

Jean Caune

maio de 1968, chamados por Michel de Certeau de "revolução simbólica". Aqueles acontecimentos revelaram modificações da cultura: ela não é mais reservada a um meio social, não é mais estável e definida por um código assumido por todos. A justificação da opção das elites pela difusão de um código, a manutenção de um gosto, o comércio privado com o tesouro das obras artísticas e literárias transmitidas pela tradição, é então objeto de um questionamento. Por conseguinte, outra perspectiva se impõe. Convém levar em conta no contexto da cultura a própria atividade do indivíduo, a apropriação das linguagens e dos valores, a transformação de sua identidade. Certeau falará da "cultura ordinária" feita de práticas sociais que têm uma significação para aquele que as realiza (1980).

Nos textos escritos entre 1968 e 1980, Certeau ilustra a dimensão existencial trazida por essas "maneiras de fazer". *A intervenção do cotidiano*, para retomar o título de um de seus livros, evidencia a atividade cultural dos não produtores de cultura na operação qualificada como "tática". As atividades do indivíduo que não lhe são próprias, que não respondem a uma lógica de tomada de posse de um espaço de poder ou de relação, são do âmbito da tática. O indivíduo em uma posição de dominado sofre a imposição de um código; ele não pode capitalizar seus conhecimentos adquiridos por uma estratégia de poder e se apropria, por uma operação qualificada de tática, dos elementos heterogêneos da cultura erudita. Certeau (1980) toma o exemplo da leitura para mostrar como o indivíduo, que não possui códigos culturais nem o saber, pode, mesmo assim, com procedimentos de *braconnage* e *bricolage*,[1] se situar em um texto e fazer uma leitura singular.

O interesse em trazer a cultura ordinária para a reflexão que aqui se apresenta é o fato de ela utilizar procedimentos que são operações de uso dos meios de comunicação, desviados de seus modos operatórios habituais ou legitimados. Relação com o espaço doméstico, fabricação de objetos estéticos a partir de materiais reciclados, criação de expressões linguísticas..., são áreas onde "o homem ordinário" pode

---

1 Os termos propostos por Michel de Certeau em relação aos processos de leitura e de transculturação apontam para os processos de hibridação cultural. O primeiro, *braconnage*, sugere a apropriação da cultura do outro, de maneira sutil e desautorizada, e a adaptação do sujeito ao meio social, como forma de sobrevivência. O segundo, *bricolage*, tem um sentido de sobreposição de referências, em processo de mesclas continuadas. (N. T.)

Cultura e comunicação

se posicionar em uma postura de enunciação que não coincide com o uso da norma. De todo modo, não será preciso considerar essas práticas como modelos que substituem a cultura erudita. Essas práticas se desenvolvem e se valorizam quando a sociedade se encontra em conflito com seus próprios sistemas de representação, que perdem sua estabilidade e se encontram em ruptura com os comportamentos efetivos dos membros da sociedade. É precisamente o que traduzia a revolução cultural de maio de 1968, que impulsionou, nos anos 1970, práticas que destacavam a espontaneidade, a afetividade e a criatividade dos indivíduos.

A pessoa: sujeito da cultura, locutor da comunicação

É preciso abordar a questão da personalidade e de seu modo de expressão. Essa dimensão é fundamental para a análise cultural, é ela que nos permitirá estabelecer a junção com os processos de comunicação. Efetivamente, os modelos comunicacionais são obrigados a levar em consideração os atores da comunicação, tanto os que estão na origem da produção da mensagem, como aqueles que a recebem. Entretanto, não é indiferente saber como esses sujeitos são definidos em sua identidade social. Indivíduo, agente, sujeito, pessoa, personagem, papel etc. não se tratam, evidentemente, das mesmas categorias de pensamento.

O indivíduo e o grupo

O fenômeno cultural deve ser examinado na relação do indivíduo com o grupo. A cultura só existe na manifestação expressiva ou simbólica de um sujeito; o fenômeno da comunicação supõe um locutor, um sujeito da enunciação, que utiliza uma linguagem comum ao grupo.

O comportamento dos indivíduos só tem sentido quando relacionado ao do grupo social no qual eles vivem, mas, por outro lado, o comportamento social só se torna realidade nas condutas individuais. Se podemos falar de comportamento social, é somente à custa de uma abstração que negligencia no comportamento deste ou daquele indivíduo os componentes psicológicos ou fisiológicos. O comportamento social se apresenta, então, como:

O arranjo de elementos de comportamentos individuais; aqueles que remetem a modelos culturais inscritos não na continuidade espaçotemporal do comportamento biológico, mas nas cronologias históricas que imputamos à conduta real graças a um princípio de seleção. (Sapir, 1967, p.36)

Estudando as relações entre a personalidade e a cultura, Sapir evidencia que a diferença entre comportamento individual e comportamento social não é de essência, mas de repartição. Ele rejeita o questionamento sem resposta: "É o indivíduo que cria a cultura ou a cultura que cria o indivíduo?". Essa recusa do dilema habitual da Antropologia é igualmente a rejeição da alternativa: entre o indivíduo e a sociedade, qual deles impõe ao outro suas características? A dicotomia entre indivíduo e sociedade, colocada especialmente por Durkheim, permitiu refletir sobre as categorias de pensamentos que nos remetem a quadros sociais, como, por exemplo, "a consciência coletiva" ou as "representações coletivas". A consideração estabelecida por Durkheim do homem como ser duplo, ser individual e ser social, se fez acompanhar de uma determinação causal. O ser social representa para Durkheim a mais alta realidade, na ordem intelectual e moral, que nós podemos conhecer pela observação. Tanto que o dualismo, que vê no indivíduo o produto do social, tem por efeito negligenciar a contribuição do indivíduo nas atividades intelectuais, bem como as ações de comunicação interpessoal.

O conceito de personalidade

O conceito de identidade foi forjado pelas ciências humanas. Portanto, a Filosofia, a Psicologia, a Psicossociologia e a Psicanálise não apelam para os mesmos conceitos para pensar a pessoa. A ideia mesma de pessoa está longe de ser inata e idêntica, segundo as épocas e as culturas. Como observava Mauss (1973) em um artigo fundamental publicado em 1938, ela é uma das categorias do espírito humano, que nasceu e cresceu ao longo dos séculos. A noção do Ego, no plano da história social, tomou uma série de formas diversificadas. O cristianismo dará uma base metafísica à noção de pessoa. No entanto, mesmo assim, essa noção não é constituída. É com a categoria do Ego

Cultura e comunicação

que a noção de pessoa se torna uma categoria psicológica. Hoje, é preciso adicionar a fratura que a psicanálise freudiana operou na noção de sujeito, que se divide em um *Ego*, um *Id* e um *Superego*. Significa que os atributos da identidade do indivíduo não são nem estáveis, nem fixados de uma vez por todas: são traços produzidos pela história e pela cultura, definidos em função do ponto de vista projetado sobre a pessoa. A apreensão da identidade não assinala somente uma diversidade de pontos de vista disciplinares. A problemática da identidade oscila entre dois polos:

- um que considera a existência de uma identidade própria a cada uma das culturas ou a cada um dos sujeitos; e
- um que seria definido por uma natureza humana sob forma de uma identidade universal do ser humano.

Essa questão é essencial, tanto para a identidade como para a cultura, pois examina o que é do âmbito, ao mesmo tempo, de uma identidade parcialmente determinada pelo grupo e de uma identidade constitutiva da espécie humana. A questão da identidade se coloca menos em termos de uma afirmação do que em termos de construção. Entre a cultura e a identidade há uma relação de significação: o traço cultural é um modo de existência da identidade.

As relações interpessoais e o *self*

No exame da interação entre as pessoas, mediada pela linguagem e por modalidades gestuais, é possível escapar à determinação da personalidade em termos psicológicos ou sociológicos. Mead propôs um quadro conceitual, outro paradigma para as ciências sociais, que renuncia ao modelo sujeito-objeto da filosofia da consciência e a uma abordagem psicológica do comportamento. Ele considera o comportamento do indivíduo na interação entre dois organismos, que reagem um sobre o outro e exercem influências mútuas, de onde surge o nome de "behaviorismo social" dado à sua teoria. Para Mead, a personalidade do ser humano lhe vem de seu pertencimento a uma comunidade da qual ele incorpora as instituições em suas atitudes e atividades. Há, então, reações comuns aos indivíduos de uma mesma comunidade e é na relação com o outro que o indivíduo desperta seu próprio *self*: "A

55

Jean Caune

estrutura, então, na qual o *self* é construído é a resposta que é comum a todos, pois é preciso ser membro de uma comunidade para ser um *self*" (Mead, 1963, p.138).[2]

Não se deve confundir esse conceito do *self*, definido por Mead, com a noção de Ego, tal como a concebe a Psicologia ou tal como a Psicanálise a define como uma instância do sujeito a ser colocada em relação com o Id e o Superego. Efetivamente, o conceito do *self* se compreende como o produto dos ajustes que se realizam por meio do papel representado pelo indivíduo em suas relações com os outros. O *self* dos indivíduos se situa menos neles do que entre eles. A definição do *self* não depende somente da vontade ou de uma conduta pessoal, ela deve ser aceita e ratificada pelos outros. O *self* se concebe como um efeito de posicionamento do indivíduo em situações de interação.

Goffman estende essa concepção. Mantendo-se mais próximo de Simmel e de Mead do que de Durkheim, ele concebe a sociedade como universo de ações recíprocas e de relações. Em uma "sociologia das circunstâncias", ele estuda os comportamentos mais simples e as interações comuns, tais como acontecem na conversa e nas relações face a face. A estrutura geral da sociedade – a ordem social – e a ação social conduzida pelos indivíduos, as duas grandes questões clássicas da Sociologia, são articuladas por ele em uma "conjugação imprecisa" com o uso do conceito de *self* (Goffman, 1974). Seu trabalho apresenta maior interesse pela questão das relações entre cultura e comunicação. De fato, os comportamentos do indivíduo são, em boa parte, evocados em termos de significação expressiva: os signos de comportamento estão presentes nas relações e questionamentos do indivíduo com ele mesmo, dele com outros indivíduos e, ainda, dele com as instituições. Isso significa que o comportamento não apenas é do âmbito da psicologia; uma vez que envolve relações do indivíduo com os outros e com a comunidade, ele deve ser visto no quadro de situações socioculturais. No entanto, esses comportamentos, mesmo quando envolvem verbalizações, acabam se situando em uma esfera

---

2 Caune utiliza aqui e no restante do capítulo a terminologia *soi*. Optou-se, no entanto, por recuperar o termo original do inglês, *self*, proposto por Mead, que pode ser traduzido por "si mesmo", "si próprio" ou ainda "meu próprio eu". Cf. a Parte III (*The Self*), do livro *Mind, Self, and Society*, de Mead, disponível em <http://www.ufsj.edu.br/portal2- -repositorio/File/revistalapip/volume5_n1/mead.pdf>, acesso em 10 mar. 2013. (N. T.)

aquém da comunicação no seu sentido estrito: eles explicitam apenas parcialmente a intencionalidade da pessoa no contexto de sua ação. Do ponto de vista de Goffman, as interações fundamentadas nos contatos interpessoais e reuniões se traduzem em uma hibridação dos fenômenos culturais e comunicacionais. Embora seja necessário reconhecer que essa unidade não pode ser generalizada ao conjunto dos fenômenos culturais, pois a abordagem de Goffman está estritamente circunscrita às relações interpessoais.

4
Compreensão da cultura. Significação da comunicação

A distinção entre ciências naturais e ciências humanas e sociais: explicar e compreender. Cultura holística e hemisfério cerebral direito; cultura analítica e hemisfério cerebral esquerdo. A problemática do signo: semiologia e semiótica. Língua, fala; código, mensagem. A enunciação: um ato de fala do sujeito. A mediação da forma simbólica. A mediação cultural: uma ponte entre atividades separadas.

Analisar os fenômenos culturais na sua dimensão comunicacional implica uma abordagem das ciências humanas, cujos fundamentos e intenção teórica eu já mostrei. A legitimidade dessa perspectiva está relacionada à natureza dos fenômenos: sejam eles de ordem social, histórica ou, ainda, da ordem das obras do espírito, eles sempre implicam o sujeito humano, envolvido em uma relação e em uma ação com o outro, no interior de um contexto social. A questão que se coloca é a do *status* científico desse saber.

Explicar e compreender

Os conhecimentos e a compreensão que as ciências humanas desenvolveram a respeito da experiência psíquica dos indivíduos, com base nos signos diretamente inscritos nas relações interpessoais ou indiretamente na literatura e nos objetos artísticos, têm a mesma respeitabilidade científica que os conhecimentos produzidos pelas ciências naturais? É claro que esses dois tipos de saber não são da mesma ordem. A análise da cultura coloca dois tipos de perguntas:

- Os acontecimentos humanos e sociais podem ser considerados coisas, independentemente dos critérios que os constituem?
- As duas atitudes intelectuais, explicação e compreensão dos fenômenos culturais, podem ser distinguidas?

A explicação é um modelo de inteligibilidade emprestado das ciências empíricas e analíticas, estendido às ciências históricas pelas escolas positivistas. Já a compreensão se coloca a propósito do sentido dado à história, aos textos do passado e mais amplamente às formas culturais. Se a atividade humana pode ser objeto de uma compreensão, se o outro pode ser compreendido por um conhecimento, é em razão das configurações estáveis nas quais se exteriorizam as formas expressivas manifestadas nos comportamentos ou nos objetos culturais. A oposição entre explicação, como modo de conhecimento do mundo físico e natural, e compreensão, como possibilidade de colocar-se no lugar do outro ou como capacidade de interpretar a intenção que se manifesta nas formas culturais do passado, envolve a separação entre ciências físicas e do espírito.

As diferentes ciências da natureza se desenvolveram na construção de seu objeto de estudo obedecendo a certas leis. Por essa objetivação dos fenômenos, o sujeito de pesquisa procura se distanciar no processo de construção do conhecimento. Os fenômenos são explicados a partir de hipóteses baseadas em leis e essas hipóteses são submetidas à verificação experimental. O que fazer do objeto das ciências do espírito?

As vias de acesso para a compreensão da cultura

O desenvolvimento da linguística e de seus desdobramentos na semiologia, no estruturalismo e na psicanálise contribui para afastar a distinção entre fenômenos da natureza e humanos, resultando em profundas modificações no âmbito epistemológico ao longo do século XX.

Wilhelm Dilthey se empenhou, no começo do século passado, em dar um *status* científico e uma metodologia às ciências do espírito. De seu ponto de vista filosófico, o indivíduo é o centro dos fenôme-

Cultura e comunicação

nos humanos e a Psicologia aparece como a ciência que deve fundamentar o conhecimento das produções culturais. Embora o psiquismo não possa ser diretamente conhecido, por meio da intencionalidade da expressão, ou seja, do sentido que se visa, é possível ter acesso à significação do psiquismo. A interconexão da experiência vivida e da expressão como produção de manifestações externas simbólicas é a via de acesso à compreensão.

Os fenômenos culturais são vivenciados pelo indivíduo, mas suas significações são válidas somente dentro de um quadro histórico e social. Além da inserção necessária em um contexto de referência, o conhecimento de si mesmo e as produções humanas não podem ser explicados senão pelas mediações dos signos, no sentido amplo do termo. Assim sendo, a explicação não deriva mais do modelo das ciências da natureza como a Psicologia tentava fazer. A explicação, como processo de conhecimento baseado na determinação de encadeamentos estáveis e estruturados, buscou seu modelo de pensamento na linguística. Convém, então, definir a compreensão como o processo de pensamento pelo qual conhecemos alguma coisa da psique por meio de signos sensíveis que são a sua manifestação. O acesso à compreensão dos fatos culturais passa pela análise das manifestações perceptíveis e das relações de significação que elas estabelecem com aquele que as recebe. Contudo, a explicação desses fatos significantes não pode ser reduzida à relação semiótica, tal como ela se manifesta no signo linguístico.

A Psicanálise, com a distinção entre conteúdo manifesto e latente; a pragmática da comunicação, com a distinção entre conteúdo e relação; a Linguística, com a distinção entre enunciado e enunciação; e a Estética, com a consideração das circunstâncias da recepção das obras, nos levam a procurar a compreensão dos fatos culturais nos diferentes pontos de vista desenvolvidos sobre a comunicação social. A linguagem, uma vez que é ao mesmo tempo o fundamento da intersubjetividade e o meio no qual as significações são compartilhadas, é, na diversidade e na heterogeneidade das áreas que alcança, o lugar da compreensão.

Abertura sobre a interpretação da cultura

A obra do filósofo Paul Ricoeur (1986) consagrada à hermenêutica permite ultrapassar a oposição entre explicar e compreender, no que diz respeito às obras do espírito e à ação humana. A hermenêutica, com efeito, como disciplina de interpretação de textos, introduz uma abordagem que conjuga as lógicas da significação e do sentido, consideradas ao mesmo tempo projeto e relação.

Em uma reflexão consagrada ao texto, Ricoeur mostra as equivalências entre o funcionamento da metáfora e a arte da narração. A metáfora, como figura de retórica, transfere o nome comum de uma coisa à outra: ela realiza, assim, uma operação que evidencia o que é semelhante entre as duas coisas. A arte de contar, de fazer uma narração, produz um enredo que, por sua vez, é uma organização, um conjunto de combinações – ações, características, circunstâncias – que realiza uma totalidade inteligível. A competência para discernir a metáfora, como também para acompanhar a narração, é, aos olhos de Ricoeur, uma forma muito elaborada da compreensão. A estrutura da metáfora, isto é, o reconhecimento da nova pertinência que se estabelece entre a coisa e o nome transferido, é dada por um mecanismo explicativo. Assim é também a análise da narração que revela a disposição dos elementos heterogêneos (acontecimentos, personagens, situações), cuja combinação produz o sentido. Essas explicações de ordem semiótica, uma vez que efetuam uma relação entre as unidades do discurso e a significação, não são dadas a priori, mas se constroem baseadas em uma compreensão prévia. Da mesma maneira que para explicar as significações de palavras desconhecidas em uma frase é preciso primeiramente compreendê-la em seu conjunto.

Ricoeur confia à hermenêutica, teoria geral da interpretação, a tarefa de estabelecer correlações entre explicação e compreensão. Esse empenho se dá na procura por preservar o diálogo entre a Filosofia e as ciências humanas. "A hermenêutica deve procurar no próprio texto, por um lado, a dinâmica interna que preside a estruturação da obra e, por outro lado, o poder dessa obra de se projetar para fora de si mesma e engendrar um mundo que seria, verdadeiramente, a 'coisa' do texto" (Ricoeur, 1986, p.32).

A fecundidade dessa proposição se deve à sua amplitude: ela vale tanto para a obra artística, que não procede da linguagem articulada, como para a ação humana e mais precisamente para os objetos culturais.

Cultura e comunicação

Cultura escrita e cultura oral

Observamos que a distinção entre explicação e compreensão é uma das características do espírito humano. Como mostra a "pragmática da comunicação" difundida pela Escola de Palo Alto, e em particular por Paul Watzlawick, podemos distinguir dois tipos de comunicação: a digital e a analógica, que exprimem duas imagens diferentes do mundo. A primeira é aquela que funciona com unidades discretas, como o são os números, por exemplo, cuja significação é pura convenção. O modo de comunicação digital é o da comunicação lógica, analítica, de definição: é a linguagem da razão da ciência e da explicação. Ao contrário, a linguagem analógica é a da metáfora, na qual um signo estabelece uma relação de semelhança com a coisa que ele designa. É, por exemplo, o caso do mapa geográfico que guarda uma relação de analogia com o território que ele representa. O modo de comunicação analógica é aquele da percepção totalizante, da *Gestalt* como Forma global evocada no capítulo anterior. É preciso assinalar, por um lado, que a distinção entre comunicação digital e analógica é da mesma ordem da distinção entre explicação e compreensão, e que, por outro lado, ela está relacionada à distinção dos dois hemisférios cerebrais: o cérebro esquerdo e o cérebro direito.

O hemisfério esquerdo tem a função primordial de traduzir qualquer percepção em representação lógica e de exercer sua competência sobre o campo da linguagem codificada e da comunicação digital em geral. É dado a esse hemisfério o nome de hemisfério verbal. O hemisfério direito preenche uma função diferente: ele é especializado na percepção globalizada das relações e das configurações complexas. Ele tem a competência da percepção holística; isto é, a capacidade de restituir a totalidade de uma figura a partir dos elementos constitutivos. A linguagem do hemisfério direito é arcaica: ela corresponde à expressão das emoções e, de maneira geral, à manifestação daquilo que a Psicanálise chama de processos primários, que não conhecem a lógica temporal nem a contradição.

O principal interesse dessas especificações dos dois hemisférios é o de explicar o funcionamento diferenciado das culturas. Assim, Jack Goody (1979) dá à dicotomia habitual entre o "pensamento selvagem", que seria aquele dos povos primitivos, e o pensamento do-

Jean Caune

mesticado, que seria o dos povos civilizados, um caráter que resulta das transformações dos modos de comunicação e especialmente das diversas formas de escrita. As culturas se distinguem pelos processos cognitivos (sejam processos mágicos do pensamento selvagem ou processos lógicos do pensamento civilizado) e, sobretudo, pelos modos de comunicação. A escrita, sobretudo a alfabética, transformou a atividade intelectual das sociedades: permitiu a fixação do discurso oral e, assim, as possibilidades de armazenamento e análise crítica do saber. A escrita modificou a natureza da comunicação ao estendê-la além do contato pessoal. Assim, Goody explica o vínculo entre a escrita e a memória:

> O problema da memorização cessou de dominar a vida intelectual; o espírito humano pôde se aplicar ao estudo de um "texto" estático, liberado dos entraves próprios às condições dinâmicas da "enunciação", o que permitiu ao homem tomar distanciamento em relação à sua criação e examinar de maneira mais abstrata, mais geral, mais "racional". (Goody, 1979, p.87)

Mais que a diferença entre pensamento primitivo e civilizado importa a diferença entre cultura oral e escrita. A primeira é globalizante e implica um "princípio de participação". As coisas, os signos, os seres coexistem em um mesmo universo: recorremos à totalidade do meio ambiente social, a respeito do qual a cultura tem experiência para compreender os sentidos. A segunda é crítica porque se desenvolve em uma tradição cumulativa de argumentação contraditória, facilitada pela escrita. A racionalidade da cultura escrita faz aparecer a independência das palavras, das ideias e da realidade.

Semiótica: modo de compreensão da cultura

Signo e comunicação

Temos evocado várias vezes a problemática do signo aqui. Lembramos que sua definição oscila entre duas acepções:

- a primeira define o signo como referência a um fenômeno que é da ordem humana; e

Cultura e comunicação

– a segunda, mais precisa, introduzida pela Linguística, faz do signo uma unidade de duas faces: a material, chamada de significante; e a psíquico-mental, chamada de significado. Precisemos que o significado não é uma coisa, mas um conceito: ele representa a marca do significante na esfera do psiquismo.

Esses dois polos indicam direções de reflexão bem distintas, e frequentemente confundidas. Na primeira, o signo é colocado em relação à coisa que ele designa: seu referente. A questão toda é saber como o signo pode ser interpretado por aquele que o recebe, ou o percebe. Charles Sanders Peirce, desde 1931, propõe uma "doutrina dos signos", que se distingue daquela proposta por Saussure, porque é baseada na noção de tríade. A relação que Peirce chama de *semiosis* implica três termos: o signo, o objeto que ele designa e o interpretante, que permite ao signo representar seu objeto para o destinatário.

Na segunda direção, o signo produz uma relação de significação entre suas duas faces indissociáveis. O objeto do mundo material ou imaginário que ele designa, o referente do signo, não faz parte da relação de significação. Para se chegar à compreensão do signo, é necessário introduzir a relação do sentido, que concerne não ao signo, mas a uma unidade mais ampla: o discurso ou a ação humana.

A distinção entre essas duas perspectivas é muitas vezes nebulosa, em razão da ambiguidade da noção de comunicação. Esta, como a noção de signo, é flutuante. No capítulo anterior, indiquei as diversas concepções, subjacentes aos pontos de vista sobre cultura. Transmissão das estruturas inconscientes como a personalidade, propagação das emoções, influência exercida nas relações interpessoais pelos comportamentos, difusão das obras culturais pelos meios de comunicação de massa... são as modalidades da comunicação às quais eu me refiri. Convém reconhecer que se trata ali de processos diferentes, englobados em uma mesma categoria de pensamento: a comunicação. Doravante cabe mostrar como se justificam as declinações da noção de comunicação; o que farei a partir das definições de semiologia.

Semiologia da significação e semiologia da comunicação

O linguista Georges Mounin (1970) observava que os pós-saussurianos se interessaram pelo caráter da linguagem ao considerá-la

Jean Caune

um sistema de comunicação, dimensão que estava apenas implícita no *Curso de linguística geral* de Saussure. A consideração dos sistemas de comunicação não verbal, como o código de trânsito ou os cartazes publicitários, abria para os sucessores de Saussure uma área semiológica consagrada à descrição e ao estudo do funcionamento dos procedimentos de comunicação.

Ao mesmo tempo, Roland Barthes desde 1957, em *Mitologias*, e depois nos *Elementos de semiologia*, em 1964, preocupou-se com o estudo dos fatos culturais significantes, como a moda, os objetos de consumo, o cenário de teatro, em uma perspectiva semiológica. Em suas análises brilhantes dos fenômenos da vida cotidiana, Barthes considerava a semiologia uma parte da linguística: "Mais precisamente a parte que se encarregaria das grandes unidades significantes do discurso".

Desde logo, podemos considerar duas direções provenientes de Saussure. Uma, com Luis J. Prieto e Eric Buyssens, estuda o procedimento de comunicação como "meio utilizado para influenciar o outro e reconhecido como tal por aquele que queremos influenciar" (Buyssens, 1967, p.11). Essa perspectiva considera, então, o procedimento de comunicação um meio voluntário e intencional de estabelecer relações sociais. A semiologia deve "ocupar-se dos fatos perceptíveis produzidos expressamente para fazer conhecer os estados de consciência e para que a testemunha reconheça sua destinação".

Admitamos, como propõe Prieto, a utilizar o nome de semiologia da comunicação, concepção esta cujo objeto é o estudo dos eventos definidos como sinais. O sinal é um índice, isto é, um fato que fornece uma indicação, de um tipo especial: ele é produzido voluntariamente pelo emissor para manifestar uma intenção ao receptor. Qualifiquemos o sinal de índice convencional, porque ele permite, por convenção social, fundamentar uma intercompreensão (Prieto, 1975).

Em outra perspectiva, a semiologia da significação, na ótica de Barthes, é muito mais ampla. Ela se interessa pelas produções expressivas em sua dimensão de interação entre a vida psíquica e a cultural. Ao falar de "semiologias da significação", no plural, Prieto marcava implicitamente, por outro lado, a dificuldade de fundamentar uma teoria unitária para esses fatos expressivos.

Essas duas abordagens, no que se refere ao propósito deste livro, apresentam perspectivas diferentes. A primeira é pertinente para estudar a comunicação social em sua dimensão funcional e instrumental; mas ela se aplica tão somente aos procedimentos que põem em jogo normas e signos no seu sentido estrito. Ela é insuficiente, por exemplo, para uma análise do fenômeno estético, precisamente porque ele é um processo expressivo singular, cuja função primeira não é nem de transmitir um conteúdo, nem de comunicar alguma coisa. A segunda abordagem tem implicações mais amplas: ela considera o signo na "situação-signo" a partir das relações estabelecidas entre o signo, o objeto que ele designa e o psiquismo dos sujeitos. Essa orientação é aparentemente mais apropriada para os fatos culturais, ela tem a ambição de fundamentar um pensamento unitário dos fatos significantes.

Cada uma dessas direções apresenta vantagens e desvantagens. A primeira, restritiva, aplica-se apenas a certos fenômenos culturais. A segunda, extensiva, situa-se no cruzamento de um grande número de disciplinas e, por esse motivo, delimita mal seu objeto de estudo. Como mostrei no Capítulo 1, ela dá ao modelo da língua, desenvolvido pela linguística, um papel proeminente para analisar fenômenos que não são unicamente linguísticos.

A semiótica e a *procura pelo* sentido

Uma dificuldade complementar para definir as delimitações do campo de estudo dos signos está no uso de diferentes terminologias. Semiologia e semiótica são muitas vezes utilizadas indistintamente. Na definição saussuriana, retomada por Barthes, fala-se de semiologia. Na perspectiva traçada por Peirce, fala-se de semiótica. Vale concordar com Umberto Eco, e vários outros autores, em adotar o termo semiótica como aquele que cobre tanto as considerações sobre o signo como as relações de significação.

Outra tradição de estudos, contemporânea de Saussure, assumiu uma perspectiva diferente. Peirce atribui à área da semiótica fenômenos que dela são excluídos por Saussure. Em *Écrits sur le signe* [Escritos sobre o signo], ele define a *semiosis* como uma ação de influência que supõe a presença do signo, do referente e do interpretante. Essa abordagem tem analogias com a apreensão do sentido do fenômeno

Jean Caune

cultural que vale tão somente pelo contexto, pelo fundo cultural, que dá um sentido à manifestação.

Quaisquer que sejam os pontos de vista (saussurianos ou peirceanos), a semiótica começa onde aparece o sentido. Poderíamos dizer que a *semiosis* é o processo pelo qual qualquer coisa funciona como signo, e a semiótica se define então como ciência da *semioses*, estudando os processos que permitem a circulação da significação.

Eco tentou reunir os pontos de vista. Ele definia a semiótica como o estudo "dos processos culturais (isto é, aqueles nos quais atuam os agentes humanos que entram em contato com base em convenções sociais) *como processos de comunicação*" (Eco, 1972, p.24 – grifo do autor).

Para Eco, a semiótica se apresenta menos como uma disciplina, que propõe uma estrutura predeterminada, válida para o conjunto dos fenômenos, do que como um campo de estudos. Este abrange tanto os modos de comunicação mais naturais ou espontâneos, como aqueles que se utilizam dos sentidos táteis e olfativos ou estão relacionados à movimentação dos indivíduos no espaço, como os sistemas culturais mais elaborados e formalizados como os códigos da álgebra, da química ou os códigos estéticos. Para Eco, são duas as premissas que permitem definir o pertencimento a esse campo:

- a dialética código-mensagem; e
- a natureza convencional e cultural dos códigos.

A orientação proposta por Eco se junta às considerações já expressas a propósito da relação indivíduo-sociedade, tal como ela se realiza no fenômeno cultural. Por um lado, a cultura não existe senão encarnada nos indivíduos, por meio de seus comportamentos e suas produções singulares. Daí a noção de mensagem que, em Eco, se junta à da fala. O par código-mensagem é a extensão do par língua-fala no que se refere à linguagem. Por outro lado, os códigos, quaisquer que sejam, não são códigos naturais. Eles implicam uma convenção social, isto é, um acordo mútuo, o que os torna pertinentes dentro de um quadro cultural determinado. A perspectiva de Eco conduz às duas hipóteses já evocadas:

- a cultura deve ser estudada enquanto fenômeno de comunicação; e
- todos os aspectos de uma cultura podem ser examinados como conteúdos da comunicação.

Cultura e comunicação

A primeira hipótese faz da semiótica uma teoria geral da cultura, como se ela substituísse a Antropologia. Se qualquer cultura pode ser estudada como comunicação, isso não significa que qualquer elemento cultural seja, na sua funcionalidade, um meio de comunicação. A cultura não é um dado instrumental destinado a provocar efeitos. Porém é fato que ela pode ser mais bem compreendida se a estudamos do ponto de vista da comunicação social que ela realiza.

A segunda hipótese examina os fenômenos culturais em um processo que Barthes qualificava de "semantização dos usos": desde que haja sociedade, qualquer função se transforma em signo dessa função. Alguns objetos de uso adquirem, assim, valores simbólicos, servindo como signos de distinção. Carro, roupa, penteado... conferem um *status* social. Essa transformação do valor de uso dos objetos de consumo em valor de troca simbólico foi particularmente estudada, nos anos 1970, por Jean Baudrillard, em suas obras *Para uma crítica da economia política do signo* (1972) e *A sociedade de consumo* (1970). É especialmente sobre esse processo de semantização que se fundamenta a publicidade, para nos persuadir que a posse de tal ou tal objeto nos insere em uma categoria de "eleitos" que se distinguem da massa.

A enunciação: uma experiência essencial do sujeito

Ao considerar a língua como uma Forma e não como uma substância, definindo-a em uma perspectiva instrumental como ferramenta de comunicação, o funcionalismo em sua versão linguística "liberou a língua da voz do sujeito falante, reduzindo-se então o sentido do ato (falar ou fazer) ao objetivo intencional da consciência" (Veron, 1987, p.99).

Para uma perspectiva semiótica apoiada exclusivamente na lógica do signo, a materialidade do enunciado não conta: texto escrito ou discurso oral parecem implicar a mesma lógica, a da língua. A voz, a produção da fala, a recepção da escuta não aparecem senão como fenômenos complementares. Não é somente a substância expressiva que perdeu sua materialidade na produção do sentido, o sujeito destinatário perde sua subjetividade global, ele é considerado uma instância receptora que registra e justapõe as significações: a do texto, a dos indícios visuais e sonoros. Assim, a unidade da percepção é rompida.

69

Jean Caune

O interesse das reflexões de McLuhan, já evocadas, ou ainda do pensamento antropológico de Goody, é o de ressaltar a importância das modalidades materiais pelas quais o pensamento se elabora e se transmite. Goody nos mostra que os conteúdos de pensamento não são os únicos a mudar com a passagem de uma sociedade oral para uma sociedade que utiliza a escrita. Assim, a narrativa oral se distingue da epopeia escrita em sua concepção e execução, mas é principalmente o papel do indivíduo na atividade de criação artística que é modificado (Goody, 1979, p.72). Nas culturas orais, a realização pessoal é relegada ao anonimato; nas culturas escritas, ela se define em uma inscrição e em um papel social. Em suma, a forma escrita e a forma oral participam da mesma estrutura, a da língua; no entanto, seus efeitos sobre a produção dos conteúdos, sobre as relações interpessoais e sobre a organização do pensamento e a percepção do mundo são fundamentalmente diferentes.

A tomada de consciência dessa distinção nos leva a valorizar o fenômeno da enunciação no ato de linguagem e na relação ao outro. À dualidade fala-língua é preciso adicionar o par enunciação-enunciado.

A essência do fenômeno comunicacional é tanto o intercâmbio de enunciados e a circulação de informação entre duas instâncias locutoras, quanto os processos de contato, de interpelação, de interação e de influência recíproca que afetam os parceiros, pelo fato de que eles recorrem ao ato de fala. Somente o discurso, e não a língua, é destinado a alguém: aí está o fundamento da comunicação. A natureza e a função da comunicação consistem menos em designar um objeto, em formular um pensamento ou em exprimir um sentimento pelo outro, do que assumir diante dele uma situação no mundo. É nesse sentido que o ato de comunicação estabelece uma responsabilidade entre seus atores.

Dessa forma, reduzir a comunicação a um fenômeno linear, objeto de uma relação na qual se trocam informações, limita a análise a um esquema mecânico e funcional. A simples introdução de um componente de reciprocidade ou de retorno, no exame do processo, não é suficiente para dar aos fenômenos de recepção e de influência a parte que lhes cabe no quadro de referência no qual se realiza a comunicação. A utilização de um suporte expressivo e a apropriação de uma linguagem realizam por sua materialidade sensível uma relação com o outro e com o mundo. A enunciação, porque ela apela para a responsabilidade do outro, convidando-o a reagir.

Émile Benveniste, em um texto fundamental, mostra como a enunciação – o fato de produzir um enunciado linguístico – inscreve aquele que fala na "atualização de uma experiência essencial" (1966b, p.79-88).

O mecanismo da enunciação permite entrever o que está em jogo no fenômeno de expressão cultural: uma mediação entre o indivíduo e o mundo. No ato do discurso, aquele que se autorrefere pelo indicativo "Eu" realiza, todas as vezes, um novo ato: ele se posiciona em um tempo novo e experimenta novas circunstâncias de discurso. A enunciação apresenta três características fundamentais para o sujeito:

– uma experiência humana se instaura no momento em que o "Eu" aparece em um enunciado. A enunciação linguística faz a língua passar do estado de virtualidade ao de apropriação por parte do sujeito;
– esse processo de apropriação da língua, por meio do uso, introduz uma relação entre o locutor e aquele a quem ele se dirige: ela se instala diante de uma relação de interlocução;
– finalmente, como mostra Benveniste, a enunciação diz respeito a uma relação com o mundo: o discurso permite a satisfação da necessidade de se referir.

A função simbólica: abertura em direção à mediação cultural

Por várias vezes, já assinalei que a linguagem é o meio para que o espírito humano construa um universo de percepção e de significação.

A forma simbólica: uma mediação entre os sujeitos e o mundo

No Capítulo 2, em relação à globalidade da cultura, eu evoquei a função simbólica que estabelece uma mediação entre nós e o real (Cassirer, 1972). Para Ernst Cassirer, a função simbólica exprime a não instantaneidade da apreensão da realidade. Uma filosofia das formas simbólicas deve ter por tarefa ressaltar a invariável de cada uma das funções simbólicas e unificar as múltiplas acepções do conceito de cultura que delas resultam.

A palavra símbolo, como observa Ricoeur (1965, p.20), "parece bem conveniente para designar os instrumentos culturais de nossa apreensão da realidade: linguagem, religião, arte, ciência". A categoria do simbólico, na acepção ampla utilizada por Cassirer, apresenta contudo um inconveniente. Como assinala Ricoeur, ela seria o equivalente da função significante em geral. Assim, o símbolo identifica-se com o signo. É claro que aquele pertence à categoria deste, mas a denominação símbolo dá lugar a acepções muitas vezes diferentes, às vezes até contraditórias. Entre a significação do símbolo dada pela lógica simbólica, que faz do símbolo um signo arbitrário, isto é, convencional, e a significação dada pela literatura ou pela psicanálise, que estabelece uma analogia entre o símbolo e a coisa simbolizada, há uma oposição notável. Concordamos com Ricoeur (1965, p.26) que há um símbolo, "lá onde a expressão linguística se presta, por seu duplo sentido ou seus sentidos múltiplos, a um trabalho de interpretação".

Entra-se, assim, no campo da imaginação simbólica, uma vez que o significado do signo não é mais apresentável, o que ocorre quando o signo se refere a uma coisa sensível, que não é diretamente acessível. A definição comum do símbolo dada pelo *Vocabulário crítico da filosofia,* de André Lalande, faz dele "um signo concreto que evoca, por meio de uma relação natural, algo de ausente ou impossível de perceber". O símbolo parte do concreto para alcançar um significado inacessível. Compreende-se, então, porque o campo da imaginação simbólica é aquele do não sensível, tal como ele se desenvolve na metafísica, na arte e na religião. O símbolo é, pois, segundo a bela formulação de Gilbert Durand, "uma representação que faz aparecer um sentido secreto, é a epifania de um mistério" (1995, p.12).

Um símbolo se interpreta, cria uma relação, assegura uma transmissão. Essa é a razão pela qual a função simbólica tem um papel fundamental nas produções culturais e em sua interpretação. A imaginação poética e mais amplamente a arte introduzem os seres humanos ao campo das correspondências simbólicas. Dessa forma, o símbolo se abre sobre outra coisa para além dele mesmo, pela mediação que ele realiza.

Mediação: uma noção ambígua

A questão da mediação é a das relações entre os membros de uma coletividade e o mundo real, subjetivo e imaginário que eles constroem. Se a noção de mediação pode esclarecer e orientar as práticas sociais, as quais, em numerosas áreas, a reclamam como sua, ainda é preciso desvendar sua dimensão específica. Uma das ambiguidades da noção de mediação é que ela abarca duas abordagens que, frequentemente, se superpõem e terminam por se confundir.

A primeira abordagem é de ordem teórica: ela implica estabelecer a gênese da noção e em escolher os pontos de vista emprestados das ciências sociais e humanas que transformam essa noção do senso comum em um instrumento de pensamento, isto é, em um conceito. A mediação, nessa perspectiva, deve ser considerada um fenômeno que permite compreender a difusão de formas linguísticas ou simbólicas, no espaço e no tempo, para produzir uma significação compartilhada dentro de uma comunidade (Caune, 1999b).

A segunda considera a mediação um conjunto de práticas sociais, que se desenvolvem em setores institucionais variados e que visam construir um espaço determinado pelas relações que nele se manifestam. Assim, instituições como a escola, a mídia ou, ainda, os empreendimentos culturais podem ser analisados em função das relações interpessoais que desenvolvem e do sentido que eles ajudam a compartilhar.

Efetivamente, a mediação tem uma função ideológica. Ela aparece muitas vezes como um meio que a instituição (jurídica, política ou cultural) desenvolve para manter contato com seus funcionários ou membros e impor representações e relações sociais. Na maioria das vezes, a mediação do discurso dos dirigentes se desenvolve por meio da mídia: a midiatização é então o dispositivo social e técnico pelo qual os cidadãos são alcançados no espaço público.

A mediação cultural: uma ponte entre práticas sociais dispersas

A mediação cultural passa, primeiramente, pela relação do sujeito com o outro por meio de uma iniciativa de "fala" que o compromete, porque ela se torna sensível em um mundo de referências compartilhadas. As relações interpessoais – as relações curtas – são o lugar de afirmação de si em uma relação com o outro.

A distinção e a legitimação das práticas sociais que fundaram a organização e os valores da sociedade moderna estão sob questionamento neste início de século XXI. Trabalho, ação política e criação artística são objeto de um triplo desencanto. Essas três dimensões, constitutivas da condição do ser humano moderno, segundo Hannah Arendt, permitem definir o pertencimento do indivíduo à coletividade, no tempo e no espaço da Cidade. A ação dos poderes públicos, assim como os discursos sobre as práticas da ação cultural, desenvolveram-se a partir de distinções entre esses três campos. A função da cultura é, então, a de construir mediações entre o indivíduo e o grupo, baseada nessa separação de atividades. Como hoje, nessa tripla crise do trabalho, da representação política e da arte, o indivíduo pode encontrar as vias e as expressões de seu desenvolvimento, de sua relação com o outro, de sua inscrição em uma comunidade?

O desenvolvimento e a inserção diversificada no social, das tecnologias da informática, do audiovisual e das telecomunicações contribuem para diluir as fronteiras entre a cultura e a técnica; entre as atividades privadas e públicas. O privado, a vida afetiva, os testemunhos sobre a intimidade e os dramas familiares da pessoa comum foram convertidos em espetáculos e se difundem no espaço público. Esse processo de deslocamento ou de condensação de atividades, esse jogo onde razão e sentimento se invertem, se anulam ou se fundem, estabelece novos vínculos no imaginário social.

Trabalhos filosóficos de peso versaram sobre a função enunciativa da cultura e sobre o lugar da linguagem na construção do sujeito (Foucault, Lévinas, Ricoeur). Algumas reflexões permitiram renovar a compreensão conceitual da cultura e unir prática cultural, construção do "Eu" e referência compartilhada do mundo (de Certeau). Outras examinaram o processo de narração da experiência humana na interpretação e na recepção realizada por aquele a quem ela estava endereçada (Eco).

Uma primeira mudança de perspectiva consiste em abandonar o ponto de vista essencialista sobre a cultura, que a define em função dos elementos que a constituem (comportamentos, traços coletivos da personalidade, obras artísticas etc.). Eu substituiria a abordagem que avalia a cultura a partir da natureza dos fenômenos, por uma interrogação sobre a interação que esses fenômenos proporcionam. Um segundo deslocamento prolonga o primeiro. Ele privilegia a problemática do ato de fala do sujeito (a enunciação) no lugar da problemática da posse de um bem ou do acesso a um domínio cultural.

Essa dupla mudança se focaliza tanto em torno da práxis, considerada uma relação interpessoal, como em torno da experiência humana e da construção do sujeito. Tal abordagem não nos leva, no entanto, de volta à concepção de uma cultura fundamentada na expressão, na criatividade, ou na tomada da palavra, tal como ela se desenvolveu nos anos 1970. O foco do sujeito implica, agora, levar em conta suas "maneiras de fazer" (no sentido em que Certeau o entendia em *A invenção do cotidiano*); esse enfoque diz respeito, também, às modalidades de interação e às relações com o outro (Certeau, 1980).

Colocar o sujeito no centro do processo cultural consiste em abandonar um ponto de vista filosófico abstrato sobre o Homem e a substituí-lo por um antropológico, no qual sua soberania se manifesta por uma fala singular fundadora da relação. Essa formação discursiva em torno da construção do "Eu" foi renovada, nos anos 1970, pelas questões da tomada da palavra, da criatividade como libertação de si e da expressividade do corpo.

5
Cultura: uma mediação indivíduo--manifestação-mundo

A crise da cultura: uma autenticidade comprometida em uma sociedade fragmentada. Uniformização ou globalização da cultura na sociedade contemporânea? A instituição como unidade de organização que relaciona condutas, normas e atividades. Distinção das culturas segundo a densidade do contexto necessário para compreender a significação da mensagem: enraizamento no passado e estabilidade das culturas. A ação humana considerada um texto. As reduções ideológicas da cultura.

Uma das características do que se chamou a crise da cultura reside na seguinte contradição: não é mais possível separar as diversas abordagens negligenciando as relações que existem entre as sensibilidades, os saberes, as práticas e as imagens sonhadas ou sublimadas que nos dão as obras artísticas e literárias. Porém, por outro lado, a unidade entre os elementos constitutivos não existe mais, e a cultura, que possuía precisamente essa função de unificação das diversas condutas, não intervém mais como uma estrutura global. É banal constatar que, sob os efeitos conjugados da industrialização, da urbanização, da aceleração das inovações científicas e tecnológicas, os pontos de referência que estabelecem as relações entre o *habitat*, o trabalho, as relações familiares, a transmissão dos saberes, os modos de comunicação simbólica dos grupos se fragmentaram.

As rupturas, compartimentações e desapropriações que dizem respeito à relação entre as esferas do privado e do público afetam o conjunto dos campos de expressão e de relação do indivíduo. Essa constatação, desenvolvida em cada um dos campos específicos (o trabalho, o sagrado, a psique, a cultura, a mídia...), por Marx, Nietzsche, Freud, Artaud, a Escola de Frankfurt..., é um dos componentes da cultura contemporânea. A alienação pelo trabalho que torna o homem estranho a si mesmo; a morte de Deus que o priva de qualquer escatologia; a divisão do sujeito, que faz o consciente não ser mais o mestre em sua própria construção; a existência de uma cultura que não coincide mais com a vida; a desumanização do mundo e o condicionamento de uma falsa consciência... são os sinais de uma unidade cultural rompida.

Em consequência, exprime-se uma necessidade de encontrar uma globalização das atividades humanas. Essa necessidade de coerência não é senão a expressão de uma nostalgia das origens, vivenciadas imaginariamente como um tempo em que o conjunto das condutas fazia parte de um sistema de significação.

A legitimidade da cultura em uma sociedade dividida?

Hoje, vivemos o momento em que a desestruturação da cultura tradicional é ainda mais importante do que os primórdios de uma nova cultura. A reivindicação de uma cultura global é, sem dúvida, uma tentativa de transcender uma tensão entre, de um lado, uma cultura que não mais representa um sistema de significação capaz de dar sentido à vida e, de outro, uma cultura em gestação.

Cultura autêntica e cultura inautêntica

É preciso voltar à distinção proposta por Sapir entre as culturas autênticas e as inautênticas para compreender como o desenvolvimento da personalidade e a autonomia da consciência dos indivíduos são fragilizados na sociedade industrial e mercantil. Baseada em mecanismos de autorregulação econômica e no processo de identificação imediata do indivíduo à sua sociedade, esta não deixa espaço se não a duas formas de comportamento: a execução das decisões tomadas por outros e o consumo.

A autenticidade da cultura implica a existência de vínculos entre as atividades econômica, social, religiosa e estética. Sapir dedica-se a mostrar que a autenticidade implica a adequação do indivíduo à cultura do grupo e que ela pressupõe o conhecimento, a compreensão, a aceitação e a integração dos valores que regem os comportamentos sociais (Sapir, 1967, p.325-358).

A autenticidade de uma cultura não está ligada à sua eficiência mais do que ao desenvolvimento de uma civilização. Sua existência não é condicionada por um julgamento ético sobre a cultura, ou pela soma dos objetivos desejáveis definidos de um modo abstrato. As grandes culturas que Sapir qualifica de autênticas não estavam isentas de contradições: assim, uma cultura como a de Atenas, na época de Péricles, não poderia se fazer sem escravos; assim, ela admitia abertamente a escravidão.

A autenticidade de uma cultura é caracterizada, em primeiro lugar, pelo fato de que ela se edifica a partir das aspirações e dos interesses fundamentais daqueles que a encarnam; em segundo lugar, pela atitude que ela testemunha em relação ao passado, às suas instituições e às suas obras artísticas e intelectuais. A adequação entre o indivíduo e a cultura e a aceitação dos fins e dos valores, a participação criadora dos membros da comunidade, não são possíveis senão por meio de grupos restritos, culturalmente autônomos. Além disso, a autenticidade deve ser relacionada tanto com as realidades concretas do desenvolvimento das forças produtivas como com as relações das forças sociais. É dizer que a autenticidade é uma noção limite: ela só pode ser pensada em função do máximo de desenvolvimento possível das forças produtivas e do máximo de consciência possível dos sujeitos sociais. O interesse da noção de autenticidade não é relativo à sua positividade ou ao seu valor de modelo, mas à avaliação das distorções que ela permite entrever no desenvolvimento das sociedades industriais.

Uma cultura unidimensional

De um lado, as apropriações diferenciadas do passado cultural e, de outro, a segregação social e a desigualdade das oportunidades são os sintomas mais profundos da irracionalidade do mundo que nós conhecemos. Nessas condições, os diferentes traços da cultura não mantêm entre si as relações necessárias. As condições de vida, de trabalho, de lazer, de vida familiar, marcadas pelo rompimento e pela dissociação dos fins imediatos e longínquos, impedem considerar a cultura como um todo coerente no qual as partes mantêm relações harmoniosas e necessárias entre si.

De certa forma, a sociedade contemporânea realizou a globalização da cultura, mas por um movimento de uniformização e de empobrecimento que não poupou nenhum dos setores de atividade do indivíduo. O fenômeno, descrito por Marcuse (1968), no qual a organização social planejada manipula as consciências, condiciona as necessidades e as determina por forças externas sobre as quais o homem não tem controle, pode ser considerada como uma globalização. Isso acontece na medida em que ela reforça a dimensão adaptativa dos indivíduos e modela os pensamentos e comportamentos. Efetivamente, a cultura é ligada à transcendência da realidade, ela apresenta elementos conflitantes e transgressivos em relação à realidade social. Como mostra Marcuse, esses elementos são objeto de uma perda de valor na sociedade moderna. Sob a aparência de um pluralismo onde coexistem as atividades, as obras, as verdades mais contraditórias, ela esgotou "os conteúdos antagônicos da arte assimilando-os" (Marcuse, 1968, p.94). Assim, o que se pode tomar como uma desmultiplicação dos bens culturais e como uma ampliação da esfera cultural não é para Marcuse senão uma "dessublimação institucionalizada", correspondendo a uma perda dos valores que produzem uma consciência feliz e normalizada. De modo que o comportamento unidimensional seja acompanhado de um pensamento banalizado no qual desejo, pulsão, ideia sejam reduzidos a estados de coisas.

Esse ponto de vista "crepuscular" sobre a cultura contemporânea, desenvolvido nos anos 1960, é, sem dúvida, marcado por uma visão nostálgica de um tempo em que a cultura estava reduzida às obras do espírito e a arte, em particular, apresentava em sua dimensão afirmativa uma pretensão de emancipação individual e coletiva. Marcuse, como muitos dos depreciadores da cultura de massa, não leva em conta as formas culturais que se desenvolvem nas expressões e práticas cotidianas mais do que as formas estéticas que nascem à margem dos grandes movimentos de produção e difusão artísticas.

A respeito de dois modelos de funcionamento da cultura

O modelo funcionalista de instituição

Ao considerar, no Capítulo 1, a cultura como uma totalidade, eu me referia à teoria funcionalista de Malinowski, que, em *Uma teoria científica da cultura*, definia o conceito de instituição como "um grupo específico extraído do real concreto que é a cultura" (1968).

Malinowski se interessa pela conduta organizada, isto é, pela reflexão acerca da organização das atividades humanas. Desse ponto de vista, a cultura é percebida por meio de uma dimensão material que coloca em prática, por um lado, o agrupamento dos indivíduos em função de suas competências, interesses e valores e, por outro, as regras e os conhecimentos técnicos que dão lugar às atividades tornadas possíveis pelos materiais. A instituição se manifesta por seis funcionalidades:

- um sistema de valores em nome do qual os homens se organizam (os estatutos);
- um conjunto de indivíduos organizados segundo alguns princípios (o pessoal);
- as regras, que são aquisições técnicas e os hábitos (as normas);
- os materiais necessários;
- as atividades que são realizações concretas organizadas; e, por fim,
- as funções, isto é, o resultado real das atividades organizadas.

O interesse teórico do conceito de instituição deve-se ao fato de que esta representa uma unidade de organização. O aporte heurístico do conceito de instituição reside nas relações entre os diferentes elementos constitutivos indicados no gráfico:

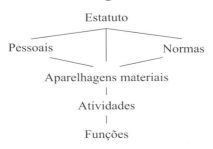

Jean Caune

As articulações entre as funcionalidades devem ser procuradas em cada instituição (família, empresa, coletividade local...). O conceito de instituição empresta a mesma importância aos valores enunciados, tais como eles aparecem nos regulamentos, textos, preceitos, assim como nas atividades e nos comportamentos efetivos. Porém é em suas relações que uma instituição constrói sua identidade e sua imagem. A análise cultural e comunicacional deve se estabelecer tanto com respeito às funcionalidades como também às relações estabelecidas entre elas, a partir da história da instituição.

As questões colocadas pelo conceito de instituição são de duas ordens. A primeira é relativa ao fato de que a cultura não pode ser apreendida, desse ponto de vista, senão a partir de formas organizacionais precisas, respondendo a uma necessidade reconhecida pela sociedade organizada no tempo e no espaço. O conceito de instituição é, portanto, relativamente engessado e rígido. Ele se aplica somente às atividades reconhecidas, legitimadas socialmente e relativamente transparentes. Malinowski considerava a mudança e a ruptura somente entre os estatutos, a afirmação dos objetivos a serem alcançados e as funções, resultados brutos das atividades. Esse conceito de instituição não permite captar as formas de atividades culturais que ainda não conseguiram encontrar formas estáveis e organizadas no campo social. A segunda questão que é colocada pela noção de instituição vem do fato de que as diversas instituições são integradas nas totalidades mais amplas e as funções que elas realizam se integram na cultura global. O conceito de instituição supõe, então, o estabelecimento de articulações entre as instituições particulares e o quadro cultural geral da sociedade.

O modelo de trocas proposto por Edgar Morin

Em um artigo de uma edição da revista *Communications*, publicada em 1969 e dedicada à política cultural, Edgar Morin traçava as direções programáticas suscetíveis de escapar, tanto das compartimentações teórica e prática, que fazem da cultura um setor ao lado de outros, como das concepções unidimensionais, que se aplicam à cultura "erudita" ou à cultura de massa (1984, p.345-352).

Morin considera a cultura um sistema que viabiliza a comunicação entre uma experiência existencial e um saber constituído. A cultura é esse sistema metabolizante que garante as trocas entre os indivíduos, entre os indivíduos e a sociedade, entre a sociedade e o cosmos. Morin se propôs a examinar as trocas a partir de quatro polos: o saber, o código, os modelos de comportamento e o existencial.

Esses quatro polos são ligados entre si. Efetivamente, o saber, estoque cultural registrado e codificado, é assimilável somente pelos detentores do código; ele está ligado a modelos (de valores, de comportamentos) que permitem organizar e canalizar, ao mesmo tempo, as relações existenciais, práticas e imaginárias.

Essa concepção permite entender a relação homem-sociedade-mundo mantida por uma cultura por meio das "relés" que são o código e os modelos. Além disso, essa concepção se aplica a todas as noções de cultura, da mais ampla à mais estreita. Porém a afirmação da existência de "relés polarizadores e transformadores", que fazem comunicar e circular os constituintes dos sub-sistemas (que as teorias parcelares consideram como o sistema total), não apresenta os meios de compreender as leis dessas trocas.

A importância do artigo de Morin vem menos do interesse do modelo epistemológico que ele propõe, do que da sensibilidade que ele demonstra em relação a certo número de expectativas sociais e culturais reveladas pela crise de maio de 1968. Assim, a partir da análise desenvolvida por Morin, aparecem os objetivos de uma política que surgirá durante os anos subsequentes à publicação de seu artigo: descentralização de uma política cultural diversificada, desenvolvimento cultural a partir da criatividade dos indivíduos e dos grupos, política de comunicação e de relação entre os indivíduos, exigência

Jean Caune

de uma democratização cultural... Assim se concretiza uma ambição teórica e prática que dá à cultura uma dimensão global, na qual saber e existência comunicam tanto por meio das obras artísticas como do desenvolvimento da pessoa pela palavra, pelo diálogo com o outro.

Paradigmas comunicacionais de interpretação da cultura

A cultura como grade de interpretação

A obra de Edward T. Hall está, para a antropologia contemporânea, entre aquelas que analisam com maior sutileza o modo como nossa experiência profunda, tal como ela nos é dada por nossos sentidos, está em relação com uma cultura. As pesquisas de Hall poderiam ser caracterizadas pela articulação entre, por um lado, as relações que o indivíduo mantém com os outros e seu meio ambiente e, por outro, seus esquemas perceptivos e cognitivos. A ideia central, tal como ela se desenvolve em suas numerosas obras, poderia ser dada por esta dupla constatação: "A cultura é comunicação e a comunicação é cultura" (1984, p.219).

A reflexão de Hall dá uma grande importância à percepção do espaço e do tempo na construção das diferentes culturas. Hall (1984) mostra como a concepção do tempo caracteriza as diferentes culturas e orienta as relações com a tradição e a projeção no futuro. Em *A dimensão oculta* (1971), Hall desenvolve uma concepção que põe em evidência a maneira como essas duas categorias fundamentais do entendimento, que são o espaço e o tempo, estruturam nossas capacidades de ação. No sentido antropológico, a percepção do tempo e a cultura são indissociáveis. As experiências do tempo – o tempo da espera, o tempo da ação, a herança do passado ou a projeção no futuro – não são vivenciadas da mesma maneira pelas diferentes culturas. As culturas não valorizam da mesma maneira o passado, tampouco têm a mesma relação com o futuro.

Comunicação segundo o contexto rico ou pobre

Hall faz da cultura um modo de seleção e de transformação das informações transmitidas pelos sentidos. A cultura funciona como

Cultura e comunicação

uma tela. Ela é como uma barreira invisível que organiza, modela e orienta o pensamento e os comportamentos.

Em *Além da cultura*, Hall (1987, capítulos 6 e 7) mostra como o sistema de seleção, situado entre o indivíduo e o mundo, permite fazer a triagem das informações, reconhecer algumas, abandonar outras. A reflexão de Hall guarda distância em relação a uma concepção estritamente semiótica da cultura, inspirada no modelo linguístico, que privilegia a noção de código na produção e na construção do sentido da manifestação cultural. Hall, ao tratar do fenômeno da comunicação, dá importância fundamental ao contexto. Sem o quadro de referência que é o contexto, o código é insuficiente: ele não permite compreender a mensagem. A contextualização é o meio de fazer frente à grande complexidade das transações humanas. O contexto depende do sujeito da comunicação, da situação, do *status*, da experiência passada. Em qualquer diálogo, é importante definir o que o interlocutor leva em consideração e o que ele negligencia.

Hall é levado a distinguir dois tipos de contexto e, assim, dois tipos de mensagens. Nas mensagens ricas em contexto (comunicação de contexto denso), a maior parte da informação encontra-se no contexto físico ou é interiorizada, enquanto uma pequena porção é transmitida na parte da mensagem codificada e explícita. Nas mensagens pobres em contexto (comunicação de contexto pobre), a maior parte da informação encontra-se no código explícito. É, por exemplo, o caso das mensagens regulamentares ou administrativas que permitem pouca margem à interpretação. Nesse quadro contextual pobre, pode-se dizer que a tabela de seleção que é a cultura tem um papel menor na triagem das informações contidas na mensagem propriamente dita.

Essa distinção dos contextos introduz uma distinção das culturas ou, mais exatamente, um posicionamento das culturas segundo uma escala que se abre de uma extremidade de contexto pobre a uma extremidade de contexto rico. A pobreza ou a riqueza do contexto necessário para compreender o sentido dos comportamentos e das condutas culturais não está ligada à complexidade da cultura:

> Podemos pensar que as culturas complexas e multi-institucionais (aquelas que são tecnicamente avançadas) têm inevitavelmente um contexto

Jean Caune

pobre, mais isso nem sempre é verdade: a China tem grande cultura, extremamente complexa, e se encontra bem no alto da escala. (Hall, 1987, p.92)

A densidade do contexto da cultura chinesa se manifesta, por exemplo, no uso da escrita: o conhecimento do contexto é necessário quando nos servimos do dicionário; o leitor deve conhecer tanto a significação de centenas de radicais como as respectivas pronúncias.

A consideração do contexto introduz um paradigma comunicacional para distinguir as culturas: efetivamente, a consideração da informação contida na mensagem, seja ela verbal ou não verbal, deve ser relacionada com os quadros de pensamento implícito a qualquer cultura. Desse modo, essa discriminação das culturas permite uma grade de compreensão da expressão. Hall registra que não há sistema de comunicação de contexto pobre que tenha tomado uma forma artística: "A expressão de qualidade tem sempre um contexto rico; a ruim, um contexto pobre" (1987, p.93). Com efeito, a expressão artística não "diz" tudo: ela deixa uma parte de ambiguidade e polissemia que permite o jogo da interpretação. Essa é a razão pela qual a arte de valor é sempre durável, sua significação resiste ao tempo e ao contexto que a viu nascer.

O segundo aspecto dessa distinção é relativo à relação entre densidade do contexto e estabilidade da cultura. As ações de contexto rico são, por definição, enraizadas no passado, lentas nas mudanças e extremamente estáveis. A comunicação de contexto rico é econômica, rápida, eficiente e satisfatória: a mensagem não contém toda a informação necessária à sua compreensão. Em compensação, é preciso dar tempo à sua programação; tanto a produção como a recepção da mensagem supõem um conhecimento do contexto. Essas culturas agem como força de unificação e de coesão, elas são duráveis e resistentes à mudança.

Ao contrário, as comunicações de contexto pobre não unificam, elas podem mudar rápida e facilmente, mas são mais vulneráveis. Essas comunicações, que são próprias das culturas tecnicistas, apelam para o contexto: elas omitem o que é compartilhado pelo grupo e são tentadas a tornar tudo explícito.

O paradigma do texto

Uma das contribuições mais ricas do filósofo Paul Ricoeur (1986, p.183-210) para a compreensão dos fenômenos de comunicação, tal como eles se desenvolveram no tempo e no espaço, é a que o autor chamou de "o paradigma do texto".

Ricoeur examina, de um ponto de vista filosófico e semiótico, o que distingue a linguagem falada da escrita. Sua reflexão se constrói a partir do conceito de discurso. O discurso é a contrapartida do que os linguistas chamam de código linguístico; a frase é, para o discurso, o que o signo é para o código: ela é a unidade básica. O discurso é considerado o surgimento da linguagem. Ele apresenta, nos diz Ricoeur, quatro propriedades: presença dos locutores, intenção do sujeito falante, referência ao mundo e relação com o destinatário. Essas propriedades são realizadas de maneira diferente na conversação e na escrita. A insubordinação ao texto no exercício da oralidade provoca uma verdadeira desarticulação entre a linguagem e o mundo, entre a linguagem e os interlocutores.

O que acontece com essas propriedades quando o enunciado, em vez de ser pronunciado, é diretamente pertencente à escrita e se realiza em um texto? Vamos examinar, por um lado, as quatro propriedades da palavra e, por outro, seu destino na passagem do oral ao escrito.

1. Presença dos interlocutores
    A palavra existe, enquanto acontecimento, no tempo do presente. Na troca de palavra, os locutores estão presentes um para o outro, mas também na situação, no ambiente, nas circunstâncias... Na passagem da palavra para a escrita o que é fixado nesta é o *dizer* (o enunciado), distinto do *dito* (a enunciação).

2. Intenção do locutor
    No discurso oral, a frase designa seu locutor, o discurso remete ao sujeito falante. O acontecimento da linguagem posiciona aquele que diz *Eu* em sua palavra *aqui e agora*. A intenção do sujeito falante e a significação de seu discurso se cobrem mutuamente. Na passagem à escrita, a intenção do locutor e a do texto cessam de coincidir: "A carreira do texto escapa

Jean Caune

ao horizonte finito vivenciado por seu autor" (Ricoeur, 1986, p.187).

3. Referência ao mundo

O discurso é sempre a respeito de alguma coisa: refere-se a um mundo que ele pretende descrever, representar, exprimir. Na palavra, o discurso remete a uma situação e a um mundo comuns aos interlocutores. O texto escrito se liberta dos limites da referência ostensiva, isto é, da apresentação direta. As referências do texto se abrem para um mundo mais amplo.

4. Em relação ao destinatário

O discurso é a atualização da língua que se dirige a alguém: é o fundamento da comunicação. No ato da palavra, o interlocutor está presente na situação do discurso. O texto escrito, enquanto tal, é endereçado a uma audiência virtual, um público que ele mesmo criou.

Essas características do ato da palavra, determinadas por Ricoeur, delimitam o fenômeno da enunciação, definido por Benveniste, tal como apresentado no capítulo precedente. Para Benveniste, o fato de dizer "Eu", o próprio ato de produzir um enunciado, é, ao mesmo tempo, a apropriação da língua e a introdução do outro perante o locutor. Nessa relação se estabelece uma referência comum ao mundo.

Ricoeur retoma essas quatro propriedades do texto e os aplica, então, à noção de ação humana. O objeto das ciências humanas estava definido pelo sociólogo Max Weber como uma conduta orientada de forma racional, o que ele chamava "uma atividade racional em relação a um fim". Ricoeur se propõe a examinar a natureza da ação racional a partir do paradigma do texto, segundo os quatro critérios da textualidade. A ação é considerada objeto da ciência porque passa a ser passível de uma objetivação equivalente à fixação do discurso na escrita. Ricoeur retoma as quatro propriedades internas da ação e mostra como esta pode ser considerada um tipo de enunciação. Ele considera a interpretação da ação humana a combinação entre a explicação e a compreensão. Esta não mais é separada daquela: o paradigma do texto fixa a significação e a objetiva. A cultura, manifestada na forma de obras ou na de acontecimentos significativos e produtos da ação humana, pode, nessas condições de interpretação, tornar-se objeto de ciência.

O funcionamento ternário da cultura

Para concluir este capítulo sobre a mediação operada pela cultura na relação entre uma manifestação expressiva, um indivíduo e um mundo de referência, gostaria de propor um modelo de funcionamento distinto do modelo semiótico fundamentado em uma lógica binária. Esse modelo ternário, fundamentado na metáfora da expressão, estabelece uma permutação circular de três termos:

- a expressão ou enunciação considerada um fato perceptível;
- o indivíduo sujeito da enunciação; e
- o quadro cultural e social no qual a enunciação ganha um sentido.

Esses três termos se conjugam dois a dois, a partir de duas propostas:

- em sua relação com a cultura, o indivíduo não existe fora das manifestações expressivas que o exprimem; e
- o indivíduo singular, caracterizado por sua enunciação, é relativo a um contexto cultural.

O fenômeno cultural não pode ser compreendido senão por meio desse movimento circular no qual se conjugam uma manifestação concreta que vale como expressão, uma sociedade que se manifesta de forma simbólica e um indivíduo que se expressa. É efetivamente pelo fenômeno expressivo que o indivíduo constrói sua identidade no campo cultural. A manifestação toma sentido somente por meio de certo número de circunstâncias que constituem o contexto cultural no qual ela se desenvolve. Pela manifestação vivenciada pelo indivíduo, uma sociedade se expressa simbolicamente.

Falo sobre o funcionamento ternário da cultura precisamente porque a relação entre dois desses três termos – manifestação expressiva, indivíduo, sociedade – não pode ser compreendida sem a presença e a intermediação do terceiro. Quando um dos termos dessa relação é suprimido, produz-se uma redução ideológica da cultura. Distinguiria três formas de redução.

A primeira redução pode ser qualificada de expressionista. Ela se dá por conta de uma concepção da cultura que considera o indivíduo

Jean Caune

unicamente em sua relação com a manifestação de exteriorização, sem levar em conta sua submissão à cultura. O que é ignorado nessa abordagem é o fundo cultural, o meio ambiente, que dá sentido ao ato concreto expressivo. Em qualquer forma de expressão, o indivíduo utiliza sem notar o "código" cultural: este último intervém como um filtro que organiza a maneira de perceber o real. Essa redução leva a considerar os comportamentos como naturais enquanto são transmitidos ou são o produto do *habitus* no sentido dado por Bourdieu: "um mecanismo estruturante que opera no interior dos agentes, apesar de não ser propriamente nem estritamente individual nem por si só completamente determinante das condutas" (1992, p.25).

Essa redução expressionista intervém no interior das perspectivas que valorizam os fenômenos de criatividade, espontaneidade, expressividade, sem considerar o quanto tais fenômenos são parcialmente determinados pelo contexto.

Um segundo tipo de redução consiste em fazer desaparecer a manifestação enquanto realidade concreta e singular da identidade da pessoa. O indivíduo é, então, considerado simples produto de uma cultura, sem que ele se aproprie das manifestações. Essa redução será qualificada como institucional, na medida em que os atos concretos do indivíduo têm somente a função de reprodução ou de reconhecimento desses códigos da instituição.

A última forma de redução acontece quando a cultura é considerada uma coisa independente daqueles que a vivenciam. A cultura é, então, definida como um inventário de objetos: produtos artísticos, normas, ritos ou símbolos. Essa forma de redução pode ser qualificada como reificante, pois ela não leva em conta senão as coisas que compõem a cultura. Esta última é considerada o tesouro acumulado pela criação humana; ela se apresenta como um catálogo e um inventário que desconhece o uso do objeto cultural. Desde esse ponto de vista, a cultura é percebida por meio de um modo de classificação que liga os elementos entre si, que estabelece relações de correspondência entre as obras, que organiza as filiações e os reagrupamentos. A cultura é, portanto, apreendida como um sistema sem vínculo com aquilo a que chamaríamos de um discurso cultural.

6

A cultura científica e técnica na era da informação, da comunicação e do conhecimento

Cultura científica e técnica (CST): um campo atravessado por questões de sociedade e discursos controversos. Uma mediação entre o saber científico e o público? Um questionamento da articulação determinista entre progresso científico e progresso social. Da divulgação à "culturalização da ciência". As formações de discurso na CST. Modos difusionista, utilitarista, culturalista de funcionamento da CST. Rumo a uma democracia tecnicista?

Os discursos da ciência

As ciências propõem um saber sobre as "coisas" do mundo. Esses saberes são uma representação do mundo, ao lado de outras representações, tão eficientes quanto elas no mundo social: as da arte, das humanidades, da política, da experiência prática. A partir da segunda metade do século XIX, a ciência emergiu em meio ao contexto de desenvolvimento da sociedade industrial. Esse quadro socioeconômico e político contribuiu para a institucionalização da ciência, deveríamos dizer, das ciências da natureza, nas estruturas de validação, de formação e de difusão. Nesse mesmo quadro de desenvolvimento, apareceram, no final do século XIX, as ciências humanas e sociais, cujo objeto de conhecimento era a organização, os modos de representa-

Jean Caune

ção e os comportamentos dos indivíduos no interior das coletividades humanas.

Hoje, as ciências da natureza, empíricas e analíticas, se defrontam com o olhar das ciências sociais e humanas, das ciências do espírito, históricas e hermenêuticas. Essas ciências não são as únicas a serem submetidas à compreensão de sua natureza, de sua história e de seu sentido; o mesmo vale para o universo das técnicas. Estas, cada vez mais articuladas com as ciências da natureza, são também dispositivos de mediação de uma sociedade do conhecimento, na ordem do dia, a partir do momento em que as técnicas de informação e de comunicação se desenvolveram em ligação com as produtoras de conteúdo.

Uma crise de confiança no poder da ciência

As práticas científicas e os discursos que as acompanham devem ser examinados no âmbito de uma sociedade que submete a ciência e a técnica a uma dupla pressão. Por um lado, exige-se da ciência fundamental que transfira os conhecimentos adquiridos pela pesquisa às aplicações industriais; outro lado, as tecnologias são instrumentalizadas pelo mercado e isso se dá nas áreas mais diversas da vida cotidiana. A ciência e as técnicas não são mais consideradas como o foram no desenvolvimento da filosofia do século das Luzes: instrumentos de um progresso que conduz irrefutavelmente ao progresso social e moral. Determinada visão positivista da ciência mostrou seus limites.

A partir dos anos 1960, a sociedade é atravessada por uma crítica da "religião do progresso": "As expectativas escatológicas que ontem alimentavam a fé no progresso deram lugar à dúvida e ao ceticismo" (Klein, 2004). As pesquisas do Centro de Estudo da Vida Política Francesa (Cevipof), sobre as atitudes dos franceses em relação às ciências e técnicas, comprovaram tal tendência. Para a pergunta: "De maneira geral, você tem a impressão de que a ciência traz para o ser humano mais bem do que mal, mais mal do que bem ou quase tanto bem quanto mal?", a porcentagem de pessoas que estimam que a ciência traga "mais bem do que mal" passou de 56% em 1973 a 45% em 2000. Essa queda foi acompanhada por uma alta das respostas: "tanto bem quanto mal" de 38% a 51%; enquanto a resposta mais negativa ficou estável por volta de 5%. Os discursos da promessa são em parte

Cultura e comunicação

responsáveis pelas reações de desaprovação ou de desconfiança assumidos pela opinião pública, como é possível avaliar pelas pesquisas, e isso apesar das políticas públicas que se desenvolveram em torno da cultura científica e técnica nestes últimos vinte anos.

As tecnociências

A articulação entre ciências, técnicas e desenvolvimento industrial fez emergir novas questões. Apesar do caráter por vezes depreciativo e polêmico da expressão "tecnociência", esta mostra, por um lado, a imbricação entre ciência e técnica e, por outro, a relação destas com o processo de industrialização. Essa noção, cuja pré-história remonta ao início da ciência moderna, encontra sua conclusão no célebre discurso de Werner Heisenberg em 1955, "a natureza na física contemporânea", em que ele destaca a transformação de uma ciência que passa de uma representação do real à intenção de uma intervenção sobre ele (Hottois, 2004, p.143). No final dos anos 1960, Jürgen Habermas, herdeiro da Escola de Sociologia Crítica de Frankfurt, lembra que até o final do século XIX não havia interdependência entre as ciências e a técnica. Com "o surgimento da pesquisa industrial em grande escala, ciência, técnica e valorização industrial se encontraram integradas em um único e mesmo sistema" (Habermas, 1973, p.43).

O termo tecnociência foi primeiramente utilizado, na literatura filosófica da França, por Gilbert Hottois (2004) e em seguida retomado pelo sociólogo das ciências Bruno Latour, em *A ciência em ação* (1995). Pesquisadores, diretores de laboratórios, industriais e responsáveis políticos, implicados nas redes de P&D (Pesquisa & Desenvolvimento), estão claramente associados, de modo que o contexto das tecnociências é um contexto socioeconômico. As fronteiras entre pesquisa fundamental e aplicada terminam então por se confundir.

Pela diversidade dos atores implicados e a multiplicidade das aplicações que intervêm cada vez mais no mundo dos "negócios humanos" (saúde, comunicação, proteção do meio ambiente, atividades militares ou de vigilância e de controle), as ciências e técnicas suscitam discursos que mostram a inserção das ciências na sociedade e manifestam múltiplas representações da ciência e das técnicas. Não são unicamente as ciências sociais que devem ser convocadas para o

Jean Caune

debate, mas também as disciplinas das ciências humanas que se interrogam sobre as representações e os discursos. As ciências e técnicas fazem parte de uma cultura contemporânea em construção. Cultura enquanto relações interpessoais e sociais nas quais intervêm os dispositivos técnicos; cultura enquanto narrações do futuro que constroem a ciência e as técnicas; cultura enquanto formas simbólicas. Estas, hoje, recorrem cada vez mais ao processamento informático e à síntese das imagens: elas renovam mitos da modernidade por meio das ficções romanescas e audiovisuais.

Há mais de trinta anos, na França, se desenvolveram manifestações, políticas e estratégias em torno da difusão dos conhecimentos científicos e técnicos. Instituições (os museus de ciências, os museus naturais, os centros de cultura científica e técnica, de formação universitária...), atores (jornalistas científicos, mediadores...) e dispositivos (mídias, exposições, experiências interativas, conferências de consenso) se autonomizaram, assim, em uma área específica. Em relação, mas também em ruptura, com o setor do ensino, a tecnociência é atravessada por vários processos, como por exemplo:

- difusão de conhecimentos científicos;
- museologização de objetos de investigação nascidos nos laboratórios;
- exposição e mediação das tecnologias.

A identidade da cultura científica e técnica (CST)

Além de uma abordagem, por certo necessária, das condições de existência, dos meios técnicos e humanos, dos objetivos e do lugar que ela ocupa no campo do saber e da cultura, essa área de práticas pode ser pensada em sua identidade? É possível hoje, após mais de trinta anos de existência, conceituar o núcleo dessas práticas e configurar os fundamentos da cultura científica e técnica (CST)?[1] Essa questão poderia ser formulada pela seguinte pergunta: "Qual é a identidade da CST?". Pode-se, ainda, imaginar uma formulação menos abstrata e interrogar a CST sobre a natureza da relação entre ciência e técnica:

---

1 No original, *Culture Scientifique et Technique*. (N. T.)

Cultura e comunicação

"A CST representa uma área cuja identidade é construída pelo recorte entre ciência e técnica?".

A área da CST conjuga numerosos discursos entrecruzados, que misturam pontos de vista disciplinares diferentes (epistemologia, filosofia e história das ciências, sociologia da inovação, ciências da informação e da comunicação...). Por um lado, esses discursos têm por base múltiplas perspectivas ideológicas, relativas aos efeitos esperados das ciências e técnicas; por outro, eles relatam, de maneira muito diversificada, temáticas inerentes às relações entre ciências, técnicas e sociedade. Por intermédio da sensibilização à ciência e da valorização das carreiras científicas, os discursos que estruturam e legitimam essa área não têm por objetivos unicamente o desenvolvimento industrial e econômico. Certa experiência do mundo social vivido, isto é, das relações dos indivíduos com o trabalho, a saúde, o lazer e o desenvolvimento pessoal, está igualmente implicada.

Uma área atravessada por questões sociais

Nossa cultura contemporânea é o substrato de uma cultura em formação, ou seja, de uma sociedade da informação e do conhecimento? Ela está, ao contrário, condenada a coabitar, na indiferença ou na oposição, com uma cultura identificada com as humanidades literárias e artísticas, ela mesma em crise? Compreendemos que essas perguntas se referem ao lugar que a ciência, como valor e discurso, ocupa na sociedade.

Em cerca de cinquenta anos, a concepção da cultura científica e sua imagem na opinião pública mudaram profundamente. No final dos anos 1950, em uma conferência que seria objeto de uma publicação e cuja repercussão foi considerável, C. P. Snow (1968) destacava o fosso de incompreensão entre duas culturas: a dos cientistas e a dos literatos. Snow, cientista de profissão e escritor de vocação, se via como pertencendo às duas culturas. A seu ver a cultura científica devia ser considerada em um plano intelectual, mas também em um antropológico. Para ele, a cultura científica, produto da revolução científica nascida no século XIX e desenvolvida no século XX, era suscetível de trazer um enriquecimento ético à sociedade. Ao contrário da cultura literária, voltada para o passado e profundamente

95

Jean Caune

pessimista sobre o sentido da história, a cultura científica é levada pelo otimismo da vontade. A posição de Snow, marcada pela situação sociocultural inglesa, insistia na dimensão política (no mundo ocidental), da ruptura entre as duas culturas. De um lado, a cultura científica é voltada para o futuro, enquanto a cultura literária faz como se este não existisse. Por outro, em razão desse fosso, o mundo ocidental é incapaz de levar em conta, e de reduzir, a diferença considerável entre os países industrializados e os subdesenvolvidos.

Quatro anos mais tarde, em 1963, em continuidade à sua primeira conferência, Snow destacava a permanência das questões levantadas por ele. Constatava que elas eram do âmbito do espírito do tempo (*Zeitgeist*) contemporâneo e encerravam uma verdade cuja evidência era cada vez mais reconhecida. Ele apontava duas problemáticas novas na concepção da cultura científica. A primeira era relativa à dialética complexa entre ciência pura e ciência aplicada, que representava uma das questões mais incisivas da história das ciências. A segunda estava relacionada ao surgimento de uma nova disciplina, a biologia molecular, "suscetível de alterar a concepção que os homens fazem deles mesmos" (Snow, 1968, p.113). É claro que essa dimensão modificava a apreensão da concepção da cultura científica e abria a perspectiva de uma terceira cultura, produto de uma transposição dessa dualidade, que integraria os aportes das ciências sociais e humanas.

Não é produtivo, portanto, continuar a opor cultura científica e literária, com o pretexto de que a ciência não se ocupa do mundo da vida dos indivíduos e das sociedades. Como notava Habermas, em 1968, em resposta a Huxley que intervinha na controvérsia levantada por Snow, as relações entre as duas culturas não são nem opostas, nem imediatas: "As informações estritamente científicas só podem penetrar no mundo da vida por intermédio de sua valorização técnica, isto é enquanto saber tecnológico" (Habermas, 1973, p.78).

No final dos anos 1960, emergem temas que minam os fundamentos da articulação determinista entre o progresso dos conhecimentos científicos e o social. O discurso crítico se focaliza na dimensão instrumental e ideológica tomada pela ciência e pelas técnicas. A denúncia dos efeitos da ciência, em sua submissão às lógicas econômicas e políticas, situa-se no prolongamento das rupturas de 1968, que atravessam o mundo ocidental. Um dos temas mais visíveis é o que afirma que "a

Cultura e comunicação

ciência não é mais e não pode jamais se tornar a questão somente dos homens de ciência" (Lévy-Leblond; Jaubert, 1975, p.63).

Ao mesmo tempo, a expressão "cultura científica" se concretiza, em 1979, em Grenoble, no primeiro Centro de Cultura Científica. Em 1982, uma lei "de orientação e de programação para a pesquisa e o desenvolvimento tecnológico" dá aos organismos públicos de pesquisa uma missão de difusão e de informação. Alain-Marc Rieu, em um artigo de uma obra coletiva voltada à arqueologia do desenvolvimento científico e cultural, "A tecnologia em questão", vê na CST "uma resposta, sob a forma de um ideal ao mesmo tempo progressista e positivista, na grande tradição dos princípios republicanos do século XIX" (Breton & Rieu, 1990, p.163). No início dos anos 1980, a cultura e a criação (artística, científica, técnica) são apresentadas pelo poder do Estado como fatores de desenvolvimento e como respostas às contradições e aos bloqueios que conduziram à crise econômica (Caune, 1999a, p.289). Contudo, a CST continua a ser considerada, essencialmente, um processo de difusão e de informação e seu lugar, nas políticas do ministério da cultura e nas práticas dos movimentos de educação popular, permanece secundário.

Uma área à procura de autonomia

A atualidade que teve o desenvolvimento da cultura científica nos anos 1980 deve ser examinada em sua história, sua problemática e sua experimentação a partir das práticas da ação cultural desenvolvidas durante os anos 1960 e 1970 (cf. anteriormente mencionado).

Efetivamente, o 4º plano (1962-1966)[2] inscreve, pela primeira vez, a cultura em uma elaboração de planejamento: a ação cultural e os estabelecimentos que a acolhem devem garantir uma relação eficaz entre o desenvolvimento econômico e o social. As concepções globalizantes da cultura integram as ciências na noção de cultura e é como uma forma de animação, no setor da ação cultural, que se desenvolveu a prática da cultura científica. Esta é concebida como uma difusão de informação dos conhecimentos científicos.

---

2 Em 1961 o governo francês, por meio do Commissariat Général du Plan d'Équipement et de la Productivité, publica um relatório sobre os equipamentos culturais e o patrimônio artístico, que passou a ser chamado de IVe Plan (1962-1966). (N. T.)

Jean Caune

A consideração dessas temáticas nos objetivos de democratização cultural se justifica por uma dupla constatação que atravessa a literatura sobre a divulgação científica[3] (Jacobi; Schiele, 1988). A primeira é relativa "à clivagem entre uma imensa maioria de consumidores de produtos, desinteressados da maneira pela qual se cria a cultura, e um pequeno núcleo de criadores, que se tornaram profissionais da cultura" (Jacobi; Schiele, 1988, p.16). A segunda exprime a necessidade de introduzir uma função de mediação para estabelecer o vínculo entre os pesquisadores e o público. Desde então a divulgação científica parece assumir uma função de "cimento social", por intermédio da difusão da cultura científica.

Um artigo de Abraham Moles e Jean Oulif (1967) introduz a ideia de um "terceiro homem", intercessor entre o saber científico e o público. Esse artigo é considerado exemplar por Jacobi e Schiele, porque sintetiza a missão maior da divulgação na sociedade industrial e valoriza as instâncias midiáticas como lugar de ancoragem da divulgação científica (1988, p.17).

Se os discursos da ciência e os progressos da técnica necessitam de mediadores para atingir o público e se a divulgação científica se encarrega de reduzir a distância entre as ciências e a cultura, a resposta específica das instituições culturais é a de inventar dispositivos particulares. Sem um tipo de comunicação sensível em relação aos diversos campos do saber, fica impossível a compreensão por aqueles que não são especialistas. Se é essencial que a cultura científica e técnica seja parte integrante da cultura, a questão das modalidades de sua integração social permanece: onde e como?

A proposta, original naquela época, de instalação de uma animação científica no seio da Casa da Cultura de Grenoble, a qual abriria suas portas em fevereiro de 1968, foi o resultado de uma tomada de consciência da comunidade científica local. A novidade do procedimento consistia em pensar que a ação cultural não podia ignorar um dos principais motores de nossa sociedade: o desenvolvimento científico e técnico. Parecia ser necessário que as ciências exatas e naturais tivessem seu lugar no mesmo nível que o teatro ou as artes plásticas. Assim, a ideia foi elaborar ações de divulgação, por meio de exposi-

---

3 No original, *vulgarisation scientifique*. (N. T.)

Cultura e comunicação

ções, filmes, sessões de animação e debates que colocassem cientistas e técnicos na presença do grande público.

Os problemas específicos colocados pela prática das manifestações de cultura científica são os da difusão dos conhecimentos científicos para um grande público. "Colocar a ciência ao alcance de todos", "despertar a curiosidade e o gosto pela cultura científica", "apresentar a ciência", estas são as fórmulas que marcam os relatórios, os artigos, os projetos. O público queria ver para compreender, ele tinha uma preferência pelos temas que o fascinavam desde sempre (astronomia, origem do homem...). Por conseguinte, o público estava à espera do espetacular. Os cientistas, por sua vez, queriam passar seus conhecimentos. É nessa tensão produtora de inovação que se situou o problema da divulgação dos conhecimentos: encontrar a convergência entre manifestações espetaculares e uma abordagem educativa. Não é de se espantar que, perante interrogações sobre os efeitos da divulgação, a animação científica tenha se orientado para questões ditas sociais. O questionamento que se manifestava no início dos anos 1970, a respeito das formas tradicionais da difusão artística, tinha seu equivalente na animação científica: o poder de decisão dos especialistas se tornava, por meio dos temas tratados, um objeto de questionamento.

Uma área, objeto de debate e interrogação sobre o progresso

O desenvolvimento tecnológico é acompanhado da ideia de um primado funcional no seio do conjunto da sociedade: o da racionalização das atividades, sejam elas da ordem da produção de bens ou das relações interpessoais. Mas, ao mesmo tempo, se expressa uma recusa em considerar o poder das ciências e das técnicas como infinito e sem limites. A revolução científica e industrial do século XX abriu questões que não podem mais se satisfazer com o otimismo da magia cifrada no qual foi construído o complexo científico-técnico.

É em razão das mediações operadas pela técnica que a questão do saber tecnicamente utilizável deve ser entregue a uma reflexão, que não pode ser somente da competência do erudito/cientista e do político. A CST deve ser interrogada em um duplo plano. O primeiro impõe a reflexão sobre as relações entre ciência e técnica e, daí, a interrogação sobre a natureza da CST. O segundo supõe a instalação dos processos de deliberação e de instauração dos múltiplos dispositivos pelos quais os atores sociais podem compartilhar informações, submetê-las à discussão, experimentá-las e representá-las. Por conseguinte, a CST está longe de ser um simples processo de difusão dos conhecimentos científicos, ou um objeto a compartilhar e a desenvolver: ela é uma cultura a construir.

Nessa perspectiva, no início dos anos 1980, Jean Marc Lévy-Leblond propunha "culturalizar a ciência e a técnica", levando em conta as ciências sociais e humanas (1981, p.304). A "culturalização da ciência" não depende de um processo unilateral de difusão. Ela consiste em articular, por meio de práticas sociais, a inserção dos saberes e condições do conhecimento nos processos de formação e de expressão das pessoas e na trama das ligações simbólicas na cidade. Significa que esse projeto deve ser questionado em três planos.

O primeiro, examinando em quais condições a CST pode ser pensada como parte integrante da cultura. O segundo, definindo os eixos de localização para descrever, explicar e compreender os fenômenos da CST, a partir das relações entre ciências e técnicas. O terceiro, tentando identificar os modelos de CST desenvolvidos há meio século, modelos fundamentados em objetivos sociais, normas, valores e modos de comunicação.

O ponto de vista pragmático sobre a CST

A dimensão cultural da ciência pode ser abordada a partir do conceito de paradigma formulado por Kuhn (2000). Levar em consideração as atitudes mentais, crenças, métodos de observação e descrição permite considerar as ciências sociais a partir da relação entre os enunciados teóricos e a posição reflexiva daqueles que as enunciam. A referência ao paradigma permite colocar um problema, pensar um objeto, propor um conjunto de conceitos ligados a modos de raciocínios. Pode-se compreender que um paradigma, quando ele é amplamente institucionalizado em uma comunidade de especialistas, difunde-se em um espaço mais amplo e configura a maneira pela qual a pergunta é colocada na e pela opinião pública.

A CST, porque entrecruza comportamentos, normas, valores, pode ser analisada do ponto de vista do paradigma pragmático. Trata-

-se, então, de romper com uma definição fundamentada nos elementos constitutivos da cultura. As perguntas que se colocam são, então, menos de essência que de performatividade:

- O que fazemos com os fenômenos científicos e técnicos?
- Como esses fenômenos constroem, ao mesmo tempo, o sujeito e a coletividade?
- Como eles são ligados a poderes de nomeação, de representação e de decisão?

A CST constituiu-se em torno de processos de divulgação, apresentação, difusão ou mediação, que são também discursos enunciados por atores sociais, inscritos em campos profissionais diferenciados. Por conseguinte, como formação de discursos múltiplos, urdidos no tempo e no espaço público, a CST pode ser compreendida segundo quatro direções.

1. De que se fala quando falamos de CST? Os múltiplos colóquios e relatórios sobre a CST podem permitir a preparação de uma cartografia desses objetos (Pailliart, 2005). Em uma primeira abordagem, esses objetos podem ser classificados segundo dois eixos. O primeiro é relativo, por um lado, aos produtos e processos que tornam públicos os saberes, informações e conhecimentos adquiridos pelas ciências e pelas técnicas (vulgarização, difusão, apresentação etc.) e, por outro, aos suportes midiáticos que realizam essa "publicização" (mídias, museus, exposição, centro científico). O segundo remete aos efeitos sociais, anunciados ou constatados, dos progressos científicos e técnicos (desenvolvimento econômico, produtividade, expectativa de vida, racionalização das decisões, prevenção de riscos etc.).

2. A ligação entre os discursos sobre a CST e aqueles relativos às condições da mudança social e cultural permite compreender as expectativas sociais em relação à CST. As condições de enunciação dos discursos, eruditos ou políticos, que formulam as injunções para construir uma sociedade de informação e de conhecimentos, inscrevem-se em um horizonte de expectativas que marca as práticas culturais e comunicacionais

constitutivas da CST. De maneira geral, as condições de existência desses discursos foram realizadas em uma sociedade industrial e urbana que descobria ao mesmo tempo o poder das mídias de massa e os efeitos da tripla crise social, econômica e cultural, surgida progressivamente com o início dos anos 1970. Esses discursos se propagaram facilmente porque estavam em ressonância com o questionamento sobre a natureza da sociedade pós-industrial, desenvolvida pela aceleração das técnicas de informação e de comunicação.

3. A história da gênese da CST se inscreve em uma história de longa duração, que deve levar em conta os fundamentos históricos a partir dos quais a cultura europeia se construiu em um ambiente propício ao desenvolvimento científico e técnico. Os conceitos e métodos sobre os quais se fundamentam a ciência e a técnica encontram sua origem em uma representação da natureza e em uma racionalidade cuja origem deve ser procurada em Descartes. Os conceitos de espaço, tempo, forma, velocidade, matéria etc. foram certamente transformados pelo que Bachelard chamou, em 1934, de "O novo espírito científico", que rompe com a cultura científica própria ao estado positivo do século XIX (Gil, 1993). Porém essa ruptura não pode ser examinada à margem de outras áreas culturais. Para Bachelard, a cultura científica não tem somente um valor de instrução: ela é normativa; cria novos valores; coloca um problema global de civilização.

4. A hibridação da cultura pelas tecnologias da comunicação, materializada nos produtos e seus usos, integrada nas práticas das instituições, pode ser considerada uma das razões do desenvolvimento econômico. Antes mesmo que a convergência das técnicas da informática, da telefonia e do audiovisual estivesse na ordem do dia, o cotejamento entre os fenômenos culturais e as técnicas de comunicação contribuiu para caracterizar o mundo industrial ocidental. A CST em sua gênese, nos anos 1960, representou uma formação discursiva significativa dessas mudanças.

A CST deve ser examinada por meio das diferentes temáticas que se sucederam nesses últimos quarenta anos em torno dos temas da

Cultura e comunicação

adaptação às transformações socioeconômicas, nos anos 1960; da inovação e da criatividade, nos anos 1970; do desempenho e da eficiência, nos anos 1980; da globalização e da resposta à crise, nos anos 1990.

Horizonte de expectativa da cultura científica e técnica

A CST não representa um conteúdo previamente definido: ela se manifesta por meio da difusão dos saberes, da vulgarização, da midiatização, da deliberação... em outros termos, a CST existe somente por meio dos dispositivos, suportes, representações e dos agentes que difundem a ciência que está sendo feita. No entanto, o componente cultural da CST existe somente na condição de oferecer modalidades para a formação da pessoa nos processos de socialização. Essa perspectiva supõe a presença da narrativa, da enunciação, da experiência estética e não pode se conformar apenas com a racionalidade do cálculo.

Em um trabalho anterior consagrado à mediação, opus o paradigma da modelização àquele do ponto de vista (Caune, 1999b). O paradigma da modelização remete a uma racionalidade do cálculo e da previsão, que privilegia as manipulações e o jogo sobre os enunciados. Esse paradigma corresponde a uma consciência tecnocrata. O programa que constrói o modelo realiza as finalidades de um projeto que tenta reduzir a subjetividade, colocar entre parênteses as circunstâncias, limitar os riscos ou ao menos integrar o acaso na previsão. O paradigma da modelização utiliza uma razão técnica; ele prolonga o positivismo que considera os fatos sociais como coisas.

Quanto ao paradigma do ponto de vista, ele se estrutura em torno de uma perspectiva e de uma prospectiva diferentes: ele leva em conta a subjetividade da pessoa. A perspectiva – a visão teórica – é dada pelas disciplinas das ciências humanas, que reintroduzem a primazia do sujeito de fala e de sua atividade comunicacional, definida como interação realizada pela mediação das produções simbólicas. A prospectiva, por sua vez, é orientada por uma intencionalidade e uma vontade individual ou coletiva. Esse paradigma relativo à compreensão do mundo social leva necessariamente em conta a singularidade da pessoa na relação viva que ela estabelece com o outro. Para esse ponto de vista, perspectiva e prospectiva são orientadas pela racionalidade

Jean Caune

da enunciação – o ato de fala do sujeito – e a coerência da representação que ele se faz de sua relação com o outro. Esse paradigma leva em conta a intersubjetividade e amplia o conceito de Razão, integrando nele a interação e a sensibilidade.

Hoje, o paradigma do ponto de vista pode ser reconhecido em três tipos de funcionamento da CST que correspondem a intenções diferentes. Evidentemente, esses tipos não são, dentro da realidade das práticas, exclusivos um do outro, tanto como eles não são concebidos em uma lógica histórica. Eles representam modalidades do discurso sobre a CST e lógicas de práticas fundamentadas sobre modelos de comunicação.

Os modos de funcionamento da CST

Eu distinguiria três modos de funcionamento segundo os objetivos fixados nos processos utilizados. O primeiro, o modo difusionista, pode ser definido por uma dupla característica. Por um lado, ele é intrinsecamente ligado à noção de divulgação que foi objeto de uma literatura importante (Davallon, Jacobi). Por outro, ele se reduz à difusão de conhecimentos científicos e à sua recepção. Por conseguinte, esse modo desenvolve formações de discursos cujos objetos são essencialmente informações a transmitir ou enunciados científicos. Os temas são os da distância entre a ciência e a cultura comum, entre os cientistas e o público. Os conceitos são os da divulgação, do alvo, da tradução. As condições de existência são dadas, em primeiro lugar, pelo papel cada vez mais importante representado pelas técnicas e sua função no desenvolvimento econômico; e, em segundo lugar, pela confiança ou a dúvida em relação à ciência. Esse modo é utilizado a partir de uma concepção funcionalista da comunicação, fundamentada no modelo ternário desta: emissor, mensagem, receptor. No plano cultural, ele privilegia as relações entre saberes e códigos e permanece pouco implicado nos modelos de relações interpessoais e de realização da pessoa.

O segundo modo, que eu chamaria de utilitarista e promocional, está situado em uma perspectiva de relações públicas generalizadas em relação aos efeitos das ciências e das técnicas. Os objetos do discurso que o manifestam são os processos e dispositivos suscetíveis de estabelecer mediações entre os cidadãos e as tecnociências, ou ainda

Cultura e comunicação

produtos que trazem representações e imagens da ciência. Os temas são os dos efeitos da pesquisa. Os conceitos são essencialmente do âmbito da psicossociologia: a motivação, a sensibilização, a interatividade, o interesse. As condições de existência são as do desinteresse relativo aos estudos científicos e da falência da escola. O modelo comunicacional privilegiado é um modelo pragmático, que seleciona as mídias mais apropriadas para influenciar e motivar o receptor.

O último, o modo culturalista, se caracteriza por uma abordagem global da cultura que tenta relacionar saberes, códigos, modelos e existência. Os objetos do discurso são bem variados, uma vez que esse modo procura abordar a CST nas múltiplas facetas de existência dos processos de interação. Poderíamos dizer que o discurso aqui privilegia os objetos que são dispostos para ser observados ou, mais precisamente, que são destinados a uma experiência da percepção, que têm uma dimensão cognitiva. As temáticas desse modo de discurso ilustram a relação entre o inteligível e o visível, tal como ela se constrói na disposição no espaço, na encenação e na exposição. Os conceitos que permitem pensar os objetos e os temas são os que se vinculam à experiência estética, em particular o conceito de espetáculo, tal como é desenvolvido por Gadamer (1996), por meio da participação que reúne o espectador e os elementos a serem vistos. O que permite compreender o que está em jogo nesse tipo de discurso é do âmbito da problemática da mediação e da recepção estéticas que, orientando o olhar, o conduz a uma atividade teórica (Caune, 1999b, p.172). As condições de existência são as de uma sociedade de conhecimento, de lazeres e de desenvolvimento pessoal.

O modo culturalista se fundamenta em um esquema de comunicação funcionalista que leva em conta, ao mesmo tempo, os fatores da comunicação (contexto e situações de recepção; dar forma à mensagem e aos enunciados; intenção de quem elabora a mensagem; suporte de transmissão; código e efeitos sobre o receptor) e as condições da enunciação.

Da democratização cultural à democracia técnica

A CST aparece muito frequentemente como um discurso de justificação da ciência ou da técnica em um horizonte marcado pelo

Jean Caune

desencanto em relação à articulação entre progresso científico e técnico e progresso social. Por esse motivo, ela está submetida aos riscos da instrumentalização. As ciências e as técnicas, em razão das novas questões que se colocam, não são mais gerenciáveis somente pelas instituições políticas. O saber dos especialistas não é mais o único suscetível de orientar as pesquisas e avaliar os efeitos das técnicas.

Não somente as ciências e as técnicas excedem seus quadros existentes, mas a necessidade de uma democracia "dialógica" se impõe na medida em que as distinções entre os fatos e os valores, de um lado, e a natureza e a cultura, de outro, são impotentes e insatisfatórias para decidir o que é do âmbito da ação medida no contexto "de um mundo incerto", para retomar a formulação de Callon, Lascoumes e Barthe (2001).

As práticas da CST têm por missão participar na construção da "democracia tecnológica". O aprendizado coletivo que se elabora nas "fórmulas híbridas" é um exemplo da deliberação que deve se difundir entre os cientistas, políticos, atores sociais, cidadãos. Não há dúvida de que os espaços da CST são um lugar privilegiado para elaborar os dispositivos dessa deliberação.

Hoje, os avanços científicos, e suas aplicações, na área das nanociências e das biotecnologias representam uma aposta que ultrapassa, e de longe, as questões habituais relativas aos efeitos dos saberes e das técnicas na sociedade. Com efeito, não são somente as questões de valorização, de desenvolvimento econômico ou de inovação que são colocadas por meio das aplicações potenciais dessas ciências e técnicas que elas desenvolvem. São as questões referentes à manipulação da vida, à identidade da pessoa – de sua autonomia, da "rastreabilidade" de seus comportamentos –, às mutações da espécie etc. que são evocadas, assim como as expectativas por elas suscitadas.

O que é novo hoje está do âmbito da convergência das nanociências, por um lado, e da biologia molecular e da genômica, por outro. Essas ciências são portadoras de esperanças consideráveis em relação ao diagnóstico, à terapia e ao conhecimento dos seres vivos; elas terão aplicações tanto no plano da saúde, como nas questões da produção de alimentos e do meio ambiente. Elas levantam inquietações reais e angústias, no mesmo nível das esperanças que suscitam. Uma parte desses receios não são necessariamente irracionais, mesmo se às vezes eles são alimentados pelo desconhecimento e pelo obscurantismo. Isso não os torna, no entanto, impertinentes.

Hoje, estamos na presença de um duplo fenômeno. De um lado, as comunicações das instituições científicas tendem a ser muito pouco prolixas em relação a questões sociais, humanas ou éticas que são trazidas pelas nanociências e suas convergências com as ciências da vida. De outro, tomadas de posição aglutinam questões reais e aproximações irracionais. Essas expressões veiculam, por sua vez, uma crítica radical, sem nuances, e parecem estar desconectadas da história, da sociedade industrial e pós-industrial. Essa dupla oposição impõe uma nova responsabilidade às práticas de cultura científica e técnica: renovar as condições do debate e da confrontação no espaço público.

7
A arte do ponto de vista da comunicação

A arte como representação do espaço-tempo. A obra de arte não transmite, nem traduz, um conteúdo preexistente a ela. Como a arte informa e orienta as percepções, como ela constrói e transmite um mundo imaginário? O sentido da arte nunca está presente em sua plenitude: ele deve ser construído por uma sensibilidade. A arte como encontro entre evento e estrutura.

A arte é uma maneira de formar e registrar algumas lições da experiência. Desse ponto de vista, a atividade artística é uma das formas mais significativas da cultura, e essa característica lhe é dada pela representação de uma percepção do espaço e do tempo. A arte unifica a percepção do espaço e estabelece a relação diferenciada do tempo entre passado, presente e futuro. Como enuncia a réplica do Parsifal de Wagner: *"Du siehst, mein Sohn, Zum Raum wird hier die Zeit"* ["Tu vês meu filho, o espaço aqui nasce do tempo"].

A arte como forma cultural

A representação do espaço e do tempo dada pela arte é transmissível somente em função de uma atenção para com o objeto de arte, guiada por um saber e uma atitude intencional por parte do receptor.

Jean Caune

No processo de ver ou entender, o espírito não é passivo: ele registra uma representação que varia para cada indivíduo; embora nenhuma imagem se forme sem uma impregnação no espírito da memória coletiva. Assim, cada reviravolta estética realiza transformações da representação espaçotemporal do mundo. O mesmo acontece, por exemplo, com a descoberta da perspectiva linear no *Quatrocento*, que impõe uma representação unitária em lugar de uma fragmentada. Efetivamente, a representação de um mundo tridimensional em uma superfície de duas dimensões não é, de forma alguma, uma maneira consoante ao espírito humano. Uma preocupação experimental e científica de explorar a representação do espaço faz que um universo geométrico substitua o universo alusivo e simbólico da Idade Média. A descoberta da foto e da imagem animada, quatro séculos mais tarde, produziria outra consciência plástica.

Na literatura, um gênero particular, o romance, ilustra como a arte relata as representações coletivas: o surgimento do romance é testemunha dos vínculos que unem o público e o privado. A coincidência entre a emergência da sociedade como organização e espaço público, por um lado, e o declínio da família, por outro, produz essa forma narrativa fundamentada no relato de existências privadas inseridas em uma história coletiva. No século XIX, o romance realista, em seu apogeu enquanto forma, assemelhava-se mais à reportagem e antecipava os descobrimentos que a Sociologia faria posteriormente.

Contudo, a arte não é a cópia da realidade, mesmo no que se refere às estéticas realistas no teatro, na pintura ou no cinema. A arte e a filosofia da arte se emanciparam, a partir do século XX, da dependência mimética do objeto da arte em relação ao objeto real. O mesmo vale para a consciência estética, que não é imediatamente socializada, pois a significação não é nem imediata, nem natural. Ela deve ser comunicada ao receptor que a integra em sua experiência. Theodor W. Adorno – cuja teoria, nos anos 1960, tinha por ambição unir estética e filosofia, metafísica e filosofia da história – considera as obras de arte produtos da atividade humana, artefatos "que falam de uma maneira que é negada aos objetos naturais e aos sujeitos que as produzem" (Adorno, 1974).

Nessa perspectiva, a obra de arte é uma resposta ao seu próprio questionamento e "nenhuma obra de arte deve ser descrita nem expli-

Cultura e comunicação

cada sob as categorias da comunicação" (Adorno, 1974, p.149). Da mesma forma, Valéry expressava essa recusa que a arte tem de comunicar. No entanto, a arte não está emancipada de sua relação com a realidade. A arte é um fato social: assim como não se pode reduzi-la a um simples reflexo ou refração da realidade, também não se pode fazer dela um simples produto da imaginação. Perante o que ela não é, isto é, a realidade existente, a arte está em relação estreita: em seus elementos, como na significação de sua organização. Como estabelecer então a relação da arte com a cultura que a produz? Como considerar ao mesmo tempo a arte para si, em sua autonomia, e a relação de inserção da arte na sociedade?

Talvez se deva recusar uma concepção limitada da comunicação como a de Adorno, que faz dela a transmissão de um conteúdo. Com efeito, a obra de arte não transmite nem traduz uma significação que lhe é preexistente: Schönberg dizia que se pinta um quadro e não o que ele representa. A arte não dá forma às significações que são formuladas ou explicitadas alhures. A arte constrói um mundo. Se quisermos compreender como a arte, enquanto fato social e expressão singular, informa e orienta as percepções, constrói o imaginário, sublima as emoções, estabelece relações..., convém examinar em que condições teóricas e metodológicas a prática e o objeto artísticos podem ser analisados do ponto de vista dos fenômenos da comunicação que eles operam. O objeto artístico e a forma serão, portanto, evocados aqui como suporte de informação, fonte de significação e produção de sentido.

Um suporte de informação, uma fonte de significação

A arte, apesar de não ser produzida nessa intencionalidade, é um meio de conhecimento de uma sociedade. Essa perspectiva permitiria considerar o conteúdo da arte uma informação?

A arte é um lugar de encontro e de testemunho de inumeráveis grupos: a arte é ganha-pão para alguns, meio de expressão, de propaganda, de dominação para outros, de prazer para muitos. A arte reflete o desenvolvimento de grupos heterogêneos: o artista, seu patrocinador, as instituições que a produzem e a difundem, seus públicos. A arte é um instrumento privilegiado para descobrir as motivações ocultas de uma sociedade. Essa constatação não vale somente para a literatura,

Jean Caune

ela se aplica às grandes correntes estéticas, que se reivindicam como realistas, ou às que, ao contrário, se definem em ruptura com uma representação mimética da realidade, como foi o caso do impressionismo ou do expressionismo na pintura.

A lógica semiótica aplicada à arte é limitada e reducionista: ela se fundamenta em uma análise do objeto como forma e conteúdo. A obra de arte decorre de um trabalho cuja significação não é imediata. O "querer dizer" da obra deve ser construído no fenômeno da recepção. A significação não é imediatamente presente: ela deve ser produzida por uma sensibilidade e um psiquismo individuais; isto é, por um trabalho de associação sensível efetuado pelo receptor, ouvinte, espectador ou leitor. A percepção artística não é um simples consumo passivo, ou mera assimilação de um conteúdo. A arte é uma atividade fundamental do espírito, que não é da mesma natureza da atividade linguística. A interpretação da obra não pode se reduzir à interpretação dos temas, em função das circunstâncias sociais e históricas.

A produção de uma relação social

Quando os filósofos se interessaram pela arte, foi para perceber a influência que ela podia ter na vida social dos indivíduos. Platão expulsa os poetas da República: mais tarde, os pais da Igreja condenam as seduções da arte. Essas considerações são o testemunho de um reconhecimento dos efeitos da arte. Na reflexão sobre as relações entre arte e a sociedade, isto é, no exame do fenômeno de comunicação que se desenvolve a partir da prática artística, duas questões aparecem: a da influência da arte na vida coletiva e a da arte como forma expressiva determinada pela sociedade.

Esse segundo ponto aparece somente no início do século XVIII, quando a Sociologia como disciplina ainda não havia sido constituída. Auguste Comte, em sua Sociologia, dá um amplo espaço à arte e a seu desenvolvimento. Ele estabelece o vínculo entre a vida das Belas Artes e as condições sociais, mas o faz a partir de uma teoria da sociedade que é baseada em uma ideia abstrata de humanidade. Sua teoria dos três estados determina três fases de existência da arte.

O estado teológico é caracterizado pela predominância da imaginação sobre a razão. A arte somente começa a existir na medida em que o mito deixa de ser objeto de crença e se torna objeto de inspiração. O surgimento do teatro, no século V a.c., na Grécia antiga, pode ser considerado exemplo dessa transformação: a representação teatral, ao se emancipar da cerimônia mágica, torna-se um momento especial da vida da cidade antiga. O estado metafísico é fundamentado na predominância da abstração: os agentes sobrenaturais são substituídos por abstrações personificadas. A humanidade se liberta do poder atribuído aos espíritos e começa a se emancipar. A emancipação das mulheres, que pertenciam às camadas sociais dirigentes, conduz à idealização dos sentimentos domésticos e ao nascimento da *arte cortesã*. Por fim, o estado positivo favorece a subordinação da imaginação à observação. Desenvolvem-se então estéticas que reivindicam uma dimensão crítica ligada a um projeto de emancipação coletiva.

Uma boa parte da arte moderna situa sua ambição em um prolongamento da filosofia das Luzes e se inscreve em um processo de revolução material, cultural ou espiritual. Com David e a Revolução Francesa; Géricault e a de 1830; Courbet e a de 1848; Maiakowski e a Revolução de 1917, ou ainda o teatro de Brecht, que pretende ser um teatro da era científica, ligado a um projeto de transformação do mundo, a arte busca uma ligação com a ética e o político. Essa dimensão positiva da arte, baseada na observação e na recusa do mundo tal como ele é, introduz processos sensíveis que visam efeitos sobre as consciências individuais e coletivas.

Com Gabriel de Tarde, no final do século XIX, a arte é considerada como uma categoria social encarregada de unificar os seres humanos: a arte é um meio que tem em vista um fim. Suporte da relação social, código de percepção ou caixa de ressonância de mudanças: essa perspectiva dá lugar a mecanismos comunicacionais. Não se trata ainda de estética sociológica, pois a arte é examinada do ponto de vista da influência no psiquismo, especialmente, segundo o termo de Tarde (1895), ela ordena "o teclado de nossas sensibilidades".

Com Émile Durkheim e sobretudo Chales Lalo, em 1914, com seu *Programa de uma estética sociológica*, a ideia da possibilidade de uma sociologia das Belas Artes aparece. Dois temas vão se sobressair progressivamente. O primeiro concerne às condições sociais não estéticas: a influência do meio e das condições sociais na criação artística.

Jean Caune

A arte se situa então como expressão da sociedade, como uma técnica para esquecê-la ou fugir dela, ou ainda como uma reação contra ela. O segundo, que só emerge muito lentamente, é relativo à consciência estética e à autonomia da arte. Somente após a Segunda Guerra Mundial assume-se o conceito de arte como linguagem, em Roman Jakobson, a respeito da poesia; em Roland Barthes, da literatura e do teatro; e em Christian Metz, do cinema.

O progressivo entendimento da arte como produção de sentidos, sob a forma de uma relação social criada com o destinatário concreto, implica a superação de uma concepção imediata do sentido. Na transação estética, o sentido é apenas sugerido, está sempre ausente em sua plenitude: ele é produzido tanto pelo que é revelado como pelo que está oculto. Por fim, o sentido da obra não é nunca a soma das significações literais.

Os limites de uma estética sociológica

Na obra de arte, a experiência subjetiva do artista concretiza-se em um objeto que se destina aos sentidos: visão, audição, toque. Uma forma se apresenta como um enigma a ser interpretado pelo destinatário. A relação potencial com um receptor está no cerne do processo artístico; ou, mais precisamente, ela está inscrita na natureza do objeto artístico. Este deve ser examinado a partir dos efeitos de influência que produz em um destinatário, visto que seu suporte introduz uma relação. Esta, no entanto, só vale em função de um quadro de circunstâncias da recepção do objeto.

A relação cultivada com a arte

Um dos postulados implícitos de uma recepção imediata da arte é o de que qualquer pessoa possui a faculdade de apreendê-la e integrá-la na sua experiência pessoal sem recorrer a uma técnica particular de compreensão. Encontramos esse postulado na concepção de André Malraux sobre o poder da arte de estabelecer correspondências e relações (*cf. citado anteriormente*). Essa visão "mágica" da arte postula que não é necessário preparar ou ordenar as condições do encontro entre a obra e o público. Essa concepção alimentou as políticas da ação cultural no início dos anos 1960: "Não é preciso educar um homem desejoso de se instruir", declara Malraux.

Por conseguinte, uma política de educação da sensibilidade não parece ser necessária. Esse postulado se baseia no realismo do conhecimento: as qualidades de uma obra são imutáveis e independentes do ato de compreensão. A percepção do objeto artístico é dada por sua aparência, sua significação seria imediata. Trata-se de um neoplatonismo fundamentado na ideia da natureza intrínseca do objeto de arte (a beleza) e da objetividade das significações que lhe são dadas pelo indivíduo.

Na verdade, a obra de arte está baseada em estruturas de percepção que são culturais e não naturais. O objeto de arte é um objeto de civilização. Uma arte não se constitui jamais como um sistema de signos destinado a materializar conhecimentos adquiridos. O objeto é um lugar de encontro entre percepções: é preciso aprender a olhar, a escutar. Não há leitura imediata, espontânea, automática. Porquanto, uma sociologia do uso da arte é necessária, dado que essa abordagem é insuficiente, uma vez que ela não se interroga sobre os efeitos específicos do processo artístico.

O ponto de vista da forma

Em *O pensamento selvagem*, Lévi-Strauss (1962) mostra como a arte, do mesmo modo que o pensamento científico ou mítico, é a procura pela organização de uma totalidade. A propósito da miniatura, que segundo Lévi-Strauss tem sempre uma vocação estética, ele afirma que, na realização artística, o conhecimento do todo precede o das partes. É igualmente dessa maneira que se exerce a sensibilidade do espectador em relação a um objeto artificial que é o objeto de arte. A emoção estética no âmbito de alguma coisa criada pelo ser humano vem da combinação do evento com a estrutura. O evento é da ordem da contingência, do acidental; a estrutura é da ordem da necessidade. Essa apreensão da arte como encontro entre a estrutura e o evento não está longe de uma concepção das formas culturais que faria dela palavras, eventos da prática cultural, cuja estrutura seria do âmbito de uma organização análoga à da língua. A riqueza da posição de Lévi--Strauss vem menos da analogia entre a arte e a linguagem do que

Jean Caune

da apreensão da contingência na criação artística em três momentos distintos: a ocasião, a execução e a destinação.

A oportunidade da criação é dada pela contingência de um evento externo e anterior a ela que intervém como provocação e elemento catalisador. Para o pintor de cavalete, é por meio de uma atitude, de uma iluminação, de uma expressão que o acaso se manifesta. Para o escritor, o acidental se realiza no evento que tem um papel de inspiração para o tratamento do assunto. A contingência pode também se manifestar na fase de execução. Na pintura ou na escultura, o diálogo com a matéria é frequentemente fonte de soluções plásticas que se impõem ao artista. No teatro ou no cinema, o acidental pode ocorrer tanto a partir da escolha deste ou daquele intérprete que dará um direcionamento à realização, como sob a forma de incidente de filmagem ou da representação. Finalmente, a destinação nas artes aplicadas, como a arquitetura ou o design, é o momento em que uma relação com o usuário dá lugar à contingência na apropriação do objeto de arte.

Qualquer que seja o momento em que a contingência aparece no processo de criação artística, a forma apresenta as características de uma estrutura. Não é somente porque a forma é percebida como uma totalidade. Ela é estruturada como um todo, no qual os elementos somente tomam sentido quando tomados em relação ao todo. Uma das regras absolutas da pintura figurativa se manifesta no uso da metonímia: essa figura retórica de linguagem, que considera a parte pelo todo, é igualmente uma figura da criação artística. Essa regra, de resto, vale não apenas para a pintura, mas também para as linguagens artísticas sem semântica, como a música e a dança.

A especificidade da expressão artística

Em si mesmos, os elementos constitutivos da forma não possuem significação. Perceber um objeto de arte implica uma dupla consciência: a do sinal e a da forma significante.

A consciência do sinal se impõe porque a forma artística se dirige a um destinatário potencial. Essa consciência se abre sobre a pragmática da enunciação artística, isto é, sobre o ato mesmo pelo qual o artista toma posse dos meios de expressão e os mobiliza na produção de uma forma dirigida a um destinatário. No que concerne à consciência

Cultura e comunicação

da forma significante, ela decorre das relações de sentido que a forma instaura. A arte como "linguagem" não funciona tendo como modelo a língua. Em contrapartida, a transação artística supõe um *habitus*, um comportamento socializado: ela estabelece uma comunicação deferida, deslocada.

Cada linguagem artística possui seu próprio modo de significação. O que se diz em uma expressão artística não pode ser transposto em outra. O objeto de arte corresponde a esquemas de representação que se concretizam em uma forma específica. Um texto de Matisse, citado por Francastel, pode nos ajudar a compreender esse caráter da significância da arte:

> Cada obra é um conjunto de signos, concebidos durante sua execução e para as necessidades do lugar. Retirados da composição para a qual foram criados, esses signos não têm mais nenhuma ação. O signo é determinado no momento em que eu o emprego e para o objeto do qual ele deve participar. (Francastel, 1970, p.28)

A função da comunicação realizada pela arte deve ser examinada a partir de conceitos de comunicação empregados em cada linguagem, estilo e objeto. Esses conceitos são formulados em função de uma conduta humana de caráter temporário, além de serem produto de uma técnica exercida sobre um material. A significação de uma obra não é estável, nem evidente. E a dimensão comunicativa da arte não deve ser buscada na transmissão de uma informação ou de um conteúdo. Como escreve Francastel: "A arte, como todas as linguagens, é uma maneira de registrar certas lições da experiência, não a fim de nos fornecer a solução aproximada do enigma universal, mas a fim de nos sugerir modos de ações diferenciadas" (1970, p.46).

As modalidades de comunicação que a expressão artística realiza devem ser, portanto, procuradas nas diferentes formas de ação ou de influência que ela exerce e a partir dos parâmetros constitutivos do objeto de arte.

As funções de comunicação e a arte

O esquema proposto por Jakobson (1973) a respeito da linguagem, estudada na ampla variedade de suas funções, pode nos ser-

Jean Caune

vir como roteiro de leitura. Para definir tais funções da linguagem, Jakobson examina os fatores constitutivos de todo ato de comunicação verbal: o destinador, que emite uma mensagem; o destinatário (o receptor), que se quer alcançar; a mensagem em si mesma; o contexto de recepção da mensagem; o código comum ao emissor e ao receptor; e, por fim, o canal físico que permite estabelecer ou manter a comunicação.

Uma concepção funcional

Esses seis fatores dão nascimento a seis funções linguísticas diferentes. Tal análise funcional da linguagem pode ser estendida a qualquer forma de enunciação em que entram em jogo um emissor individualizado, um receptor, um modo de expressão. Efetivamente, as funções consideradas por Jakobson não dependem da particularidade da língua; elas fornecem uma fecunda estrutura de leitura para a análise das práticas de criação artísticas, quaisquer que sejam os suportes expressivos. Retomemos as seis funções da linguagem para observar como elas permitem apreender a dimensão comunicacional da arte.

Jakobson define primeiramente a "função expressiva" [também denominada de "emotiva"] focada no locutor. Esta evidencia a atitude, o *status*, o estado afetivo do sujeito que se expressa. Trata-se de uma função inerente a qualquer manifestação de enunciação estética. Ela se caracteriza por uma intenção de "querer dizer", de informar, diz respeito à atitude do sujeito em relação ao que ele fala. Tal função intervém de maneira privilegiada nos processos artísticos que manifestam a situação emotiva do artista que se expressa. É evidentemente que, por meio da técnica de expressão, essa função toca o receptor.

A "função conativa" [também denominada de "apelativa"], ou de efeito sobre o receptor, é aquela que se orienta em função do destinatário. No plano verbal, ela se realiza pelo modo imperativo. No plano amplo dos processos artísticos, essa função ocupa um lugar central, na medida em que qualquer expressão artística se dirige a um destinatário e visa exercer sobre ele efeitos sensíveis. Ela está prioritariamente em jogo quando o processo artístico se elabora como fenômeno de comunicação direta, que supõe a presença do espectador, como é, por exemplo, o caso do teatro ou de espetáculos ao vivo.

Cultura e comunicação

A "função referencial", ou denotativa, é aquela que na comunicação verbal diz respeito ao contexto. O elemento referencial do objeto artístico [seu referente] é um ponto central da análise estética. O exame do objeto artístico nesse plano faz convergir todas as questões relativas à função ideológica da arte enquanto revelação/caricatura do real. Vale, no entanto, salientar que certas formas artísticas podem não ter nenhuma função referencial (senão em relação a outras formas); como é, por exemplo, o caso da música, cuja significância não é de ordem semântica. Uma prática artística pode muito bem ter sentido e significação sem que informe sobre o contexto, o que seria, por exemplo, o caso da pintura não figurativa.

A função que corresponde à mensagem propriamente dita é qualificada por Jakobson de "função poética"; nesta abordagem, "a ênfase recai sobre a mensagem para consumo próprio". A linguagem e a enunciação estéticas se manifestam aqui em sua autonomia, em uma composição de expressividade formal. A função poética não é encontrada exclusivamente na poesia. Ela tem um papel particularmente importante nas expressões artísticas que organizam elementos sem significação, como no caso da música ou da pintura não figurativa; ela está igualmente presente em qualquer prática que se sustente na sedução da forma concebida (publicidade, *design*...).

A "função metalinguística" está fundamentada na distinção entre dois níveis de linguagem, a "linguagem-objeto", que fala de objetos ou que se refere a entidades extralinguísticas, e a "metalinguagem", que diz respeito ao discurso focado no código. A arte é uma forma expressiva que envolve primeiramente um diálogo com as formas que a precederam e, por isso, apresenta uma dimensão metalinguística importante. A citação, a referência e a variação são as figuras formais que realizam essa função. Desse ponto de vista, a percepção artística supõe uma percepção elaborada, iluminada por filiações e rupturas; assim, a sensibilização para a arte não pode fazer economia de um discurso metaestético.

A "função fática" serve para estabelecer o contato no caso da comunicação verbal. Jakobson retoma o termo de Bronislaw Malinovski para significar certas utilizações da fala destinados a estabelecer ou prolongar a comunicação. Essa função é a primeira que a criança adquire e emprega. É ela que intervém quando pessoas conversam de forma simples enquanto acompanham um trabalho manual. Nesse caso, a conversa preenche uma função social; ela não funciona aqui como um meio de transmissão do pensamento, ela consiste simplesmente em produzir uma atmosfera de sociabilidade. Essa função pode ser realizada por outros modos de expressão que não a conversa. Hoje, por exemplo, uma grande quantidade de shows de música pop ou rock tem primeiramente essa função: a de possibilitar o encontro e a comunicação dos ouvintes.

O quadro de referência exposto parece esclarecedor para determinar aquilo que na atividade artística – seja esta voltada à produção de um objeto ou se trate, simplesmente, de uma prática expressiva – é do âmbito de um processo comunicacional. Não é questão de reduzir uma prática cultural ou artística à única função que ela executa prioritariamente: se podemos encontrar uma função dominante, esta é acompanhada de funções secundárias. Para a análise das práticas culturais fundamentadas nos meios expressivos, este esquema em particular apresenta a vantagem de escapar à problemática da obra e do enunciado. Não é tanto por meio da avaliação de um objeto que essas práticas podem ser compreendidas, mas sim a partir das funções de comunicação que elas executam.

A arte: uma ponte entre as épocas e os seres humanos

Se a arte, ou mais precisamente a atitude, o lugar e as expectativas perante a arte são o ponto de partida da reflexão sobre o fenômeno cultural, é por uma razão simples: somente o que se transmite e se mantém durante um longo prazo pode pretender o *status* de objeto cultural (Arendt, 1972, p.260). A compreensão das relações profundas entre os seres humanos, as que transcendem o imediato, deve ser elaborada em função do que os seres humanos construíram, conservaram, transmitiram: as obras do espírito que eles criaram em uma forma durável e acabada e que manifestam o que há de mais autêntico em sua visão.

O objeto de arte como categoria de pensamento

O objeto de arte se constitui em objeto cultural por excelência, dada a sua permanência relativa. Contudo, para fins de reflexão, a apreensão histórica e conceitual do fenômeno da arte não pode ficar nesse está-gio. Pelo contrário. Uma história da arte, exclusiva para esta, já não se sustenta e o seu conceito – quando elaborado a partir das produções de arte moderna – não é mais operacional. É evidente que para fugir de uma abordagem especulativa, o conceito de arte deve ser repensado em função das produções artísticas contemporâneas, independentemen-te de uma predeterminação de gêneros ou de normas. Os "mundos da arte" são igualmente lugares onde se põem em forma novas práticas culturais. A promoção da arte, as relações com os públicos e a crítica, as redes de difusão e de relações públicas se abrem a novos espaços--tempos (*cf. a seguir*). O fenômeno artístico intervém igualmente como um marco de referência para a análise da cultura: ele contribui para o fornecimento de pontos de vista que avaliam as práticas culturais.

Não é mais possível analisar as expectativas sociais relativas às políticas culturais sem examinar o trabalho crítico da Filosofia sobre o pensamento da arte e da cultura. A categoria de arte como repre-sentação e como atividade institucional exclusiva está em crise. A no-ção de obra artística não é mais suficiente para pensar a arte, que é ao mesmo tempo objeto e ação. A arte que renunciasse a interrogar-se sobre suas próprias operações, e os efeitos que lhe são específicos, se-ria prisioneira de uma visão fundamentada em uma essência e incapaz de pensar o funcionamento sensível e simbólico do objeto que a invo-ca. Essa perspectiva crítica que leva a arte a se tomar como objeto de questionamento não concerne somente ao campo da arte. Ela se aplica à totalidade cultural. Como escreveu Arthur Danto (2000, p.113): "O modernismo é a idade da autocrítica, seja no campo da pintura, da ciên-cia, da filosofia ou da moral". Um dos critérios de avaliação da obra de arte, na pós-modernidade, parece ser sua capacidade de questionar seu próprio *status*. Enfim, as artes vivas são precisamente as formas que valem somente pela relação estética que realizam entre o espaço de sua enunciação e o de sua recepção. O conceito de arte deve ser repensado do ponto de vista do uso e da recepção do processo artístico.

"Isto é arte"

Entre as diversas categorias de formas culturais, há uma, o objeto artístico, que sofreu profundas transformações no século XX. Antes de

Jean Caune

se realizarem no plano da produção e da difusão, essas transformações se manifestaram no campo simbólico da designação.

Com seu *Porte Bouteille*, de 1914, ou *Fontaine*, de 1917, o gesto de Marcel Duchamp reduz a obra de arte ao que Thierry de Duve (1989) chama sua "função enunciativa". O *readymade*, com efeito, apresenta-se enunciando implicitamente a seu respeito: "Eu sou um objeto de arte". O enunciado "isto é arte" é relativo a objetos – um urinol, uma pá de neve, uma roda de bicicleta, um cabide – que não se distinguem aparentemente de outros espécimes; tal enunciado, pelo único fato de ser formulado, transforma esses objetos em objeto artístico. No entanto, a metamorfose não é de natureza mágica; ela é do âmbito da força performativa da enunciação. Para que esta opere, como é mostrado por Duve, são necessárias quatro condições enunciativas. Em primeiro lugar, é preciso haver um "isto": um objeto candidato à categorização de "obra de arte". É preciso em seguida que haja um sujeito enunciador: um artista que toma a liberdade de designar assim o objeto escolhido por ele. É preciso igualmente que esse enunciado seja recebido e aceito por um público. Por fim, é preciso que o espaço onde se manifesta esse enunciado, e no qual sua recepção é efetuada, seja um local institucional legítimo para registrar o pertencimento do objeto à categoria de arte. Para Duchamp, o *readymade* é um "tipo de encontro" fixado pelo artista, o autor do enunciado, entre um objeto e um público.

Este ato, que não é de produção de objeto, mas é propriamente falando um ato de comunicação a respeito da arte, modificou no século XX o *status* da obra. Esta, quaisquer que sejam seus estilo, suporte, natureza, existe somente a partir de um ato de enunciação que a designa como tal. É por esse processo de comunicação, que em sua aparente simplicidade abrange as relações complexas entre um autor, um receptor e uma instância decisória, que se desenvolve o dispositivo relacional entre um autor e um objeto, um objeto e um público, um objeto e uma instituição, um autor e uma instituição. O ato de Duchamp é ao mesmo tempo do âmbito do livre-arbítrio de um artista e da revelação teórica: é uma passagem ao ato cuja função é a de dar consistência, no campo da arte, a um objeto que existia somente no campo do cotidiano.

Vemos que a ruptura introduzida por Duchamp confere ao objeto de arte um *status* relacional: o encontro entre o autor e o espectador

122

efetua-se pelo fato de que este valida, por seu comportamento e sua atenção, o enunciado emitido por aquele. É o que permite a Duchamp (1994, p.247) escrever: "São os espectadores que fazem os quadros".

A mediação do objeto de arte

A segunda dimensão comunicacional que se deve levar em conta a respeito da arte é relativa à experiência estética, seja ela a do artista ou a do receptor. Essa dimensão que chamo de *mediação estética* deve se diferenciar da mediação artística. Essa distinção está fundamentada na necessidade de se evitar a confusão entre o campo do artístico e o da estética (Schaeffer, 1996).

A distinção entre as dimensões artística e estética

As noções de artístico e de estético não se sobrepõem. Em uma primeira abordagem, convenhamos em qualificar de artístico o fenômeno (objeto, processo, relação etc.) que encontra suas condições de existência em um campo institucional que é a arte. A possível exposição à apreciação sensível, ao julgamento de gosto, manifesta-se no mundo da arte. A mediação artística compreende, portanto, as ações em torno da obra de arte, sejam elas da ordem da sensibilização, da apresentação ou, ainda, da pedagogia. Essa mediação visa públicos reais ou potenciais. Ela abrange numerosas práticas que apareceram nos anos 1970 (ensaios públicos, conferências ilustradas por demonstrações, montagem de apresentação...) que são destinadas a ampliar a base social do público das instituições culturais. Nos últimos dez anos, essas modalidades de mediação, cujo objeto é o de facilitar o acesso à obra ou ao objeto, se desenvolveram de maneira particularmente inventiva no espaço do museu.

No que concerne à mediação estética, ela leva a considerar o objeto ou o processo como fonte de relações sensíveis, relações que dependem primeiramente da estrutura, da forma e do suporte físico do objeto. Reservaremos o termo "estético" para o fenômeno que se faz notar por sua dimensão sensível e que busca por parte do destinatário uma atenção estética; esta não se desenvolve necessariamente na esfera da arte. As manifestações religiosas, políticas ou sociais no espaço

Jean Caune

urbano sempre mobilizaram formas sensíveis na ocupação do espaço e no desenvolvimento temporal. Na procura por atrair a atenção, mobilizar os afetos, provocar a participação, essas manifestações apelam para a dimensão estética: isso é, aliás, o que lhes dá uma significação coletiva na qual os indivíduos se sentem implicados (Caune, 1997). Definiria a mediação estética como uma relação estabelecida por meio de um suporte sensível (um aparecer) entre uma enunciação singular (uma subjetividade) e um destinatário que é visado para que se realize, em seu contato com o objeto, uma experiência estética.

Mediação artística e mediação estética não são estranhas uma à outra. A primeira, por ser operatória, deve executar a dimensão singular do objeto de arte, mas seus efeitos são em parte condicionados pela dimensão institucional que determina os códigos e as expectativas. A mediação artística leva à consideração de uma dimensão extraestética, que está ligada à situação e ao contexto. No que diz respeito à mediação estética, é claro que ela pode operar no campo da arte, mas ela se desenvolve essencialmente no campo do social, por meio de uma construção espaçotemporal sensível. O que as distingue é mais do âmbito de uma visão estratégica e de um quadro institucional, do que de uma diferença de natureza.

O universo sensível do objeto de arte

O suporte material e formal do objeto artístico põe em jogo duas esferas de relação: a do surgimento de uma presença sensível proveniente do ato de criação e a do esclarecimento da parte enigmática da obra de arte. A primeira esfera está situada do lado da criação do objeto (concepção e execução); ela é do âmbito da concepção expressiva que faz do objeto de arte a manifestação de um poder de designação e de expressão: aquele que o artista se dá. A segunda esfera de relações se abre para a destinação e recepção da obra. Ela deve ser procurada nas ressonâncias e nas aproximações operadas pelo receptor por meio da relação sensível com o objeto de arte.

Na realidade física do objeto de arte se estabelece uma relação entre o imaginário do artista e uma substância (a tela, o corpo, a matéria orgânica). No ambiente do trabalho de criação/execução instauram-se vínculos entre o artista e o meio sociocultural, lugar de produção e de

Cultura e comunicação

difusão da obra. Por fim, o trabalho do artista se insere em uma história da arte, quer ele o reconheça, ou não. As relações estabelecidas entre o objeto artístico e a tradição indicam como o trabalho do artista se situa para prolongá-la, negá-la ou combatê-la. A história desta ou daquela manifestação artística não pode ser construída sem uma abordagem estética geral que introduza a arte em interações com os demais campos da cultura.

O objeto de arte apresenta-se como um meio de transação sensível, em uma segunda esfera de relações, de modo que ele estabelece vínculos sensíveis com o receptor. A mediação é então o processo de transação sensível e inteligível entre um objeto destinado a afetar os sentidos do receptor e de um público. O procedimento de análise que busca a natureza dos efeitos produzidos no receptor a partir da natureza física do meio e das circunstâncias socioculturais da recepção pode ser qualificado como estética pragmática (Caune, 1997). Pragmática porque se interessa pelos efeitos do objeto de arte. É importante articular essas duas esferas da mediação – aquela em que é o artista que está no centro e aquela em que é o receptor que está.

Esse ponto de vista é o que propõe o filósofo Mikel Dufrenne (1992), que se interroga sobre a experiência estética do ponto de vista do espectador. Essa orientação privilegia a recepção da obra de arte em relação ao "fazer" do artista; ela se justifica pelo fato de que o espectador tem a responsabilidade de consagrar a obra. A obra de arte só é obra porque é reconhecida como tal, por uma instituição ou um público. A natureza da experiência estética é definida antes de tudo pela percepção sensível e por uma subjetividade: estas fundamentam o objeto estético, permitindo o seu reconhecimento e a submissão a ele. O interesse da reflexão de Dufrenne reside na correlação estabelecida entre a experiência estética e o objeto artístico: entre o leitor e a obra literária, entre o espectador e a representação teatral, entre o ouvinte e o concerto. O processo reflexivo é um pensamento circular: a experiência estética é definida pelo objeto de sua experiência; e, por sua vez, esse objeto estético pode ser definido somente como o correlato da experiência estética. Essa circularidade é plenamente assumida pela fenomenologia que afirma a solidariedade do ato de pensar e do objeto do pensamento: da consciência que percebe e da coisa percebida. A significação dessa circularidade deve, portanto, ser

125

Jean Caune

procurada na afinidade entre o sujeito da experiência e o objeto de sua percepção.

Pode-se, então, definir os traços do objeto artístico do ponto de vista das mediações que ele torna possível. No objeto artístico, o sensível não se distingue mais nem da matéria nem do suporte físico do objeto. Essa dimensão é fundamental: ela concede toda a sua importância à materialidade do meio que sustenta a expressão. Por fim, do ponto de vista da percepção, a unidade do sensível e da forma é indecomponível. Percebe-se, então, porque a compreensão do objeto de arte não se estabelece na relação entre uma forma e um conteúdo, articulação que aproximaria a lógica de significação do objeto de arte a uma lógica do signo. O que podemos chamar de "conteúdo" da obra não é predeterminado: ele se constrói nas percepções do receptor por meio de um processo que associa a forma, o meio que a suporta e a atenção cultivada do receptor. É nesse fenômeno singular que, todas as vezes em que ele se realiza, revela-se aos olhos do receptor o enigma da obra de arte e se produz uma relação de natureza comunicacional.

Conclusão

Para além da linguagem

As ciências humanas que, em maior ou menor medida, estão dedicadas ao exame da natureza e das funções da linguagem quiseram romper com a filosofia da linguagem precisamente porque esta levantava perguntas gerais sobre a relação entre o pensamento e a linguagem e sobre a própria origem da linguagem. Essa vontade epistemológica de excluir da análise qualquer implicação metafísica, isto é, qualquer discurso que se afaste do terreno do real para buscar uma essência para além da manifestação do fenômeno, respondia a uma dupla preocupação. Em primeiro lugar, evitar as intuições globais, as experiências subjetivas e as representações ilusórias. Em segundo lugar, preservar no exame da vinculação entre a palavra e a coisa tão somente a mediação realizada pelo processo de conhecimento. Essa dupla exigência se traduziu ao colocar entre parênteses não o sujeito humano concreto e sua experiência vivida, mas o sujeito filosófico, o ser humano como categoria de pensamento, uma ideia que transcende o sujeito econômico e o histórico. Essa exclusão pode parecer paradoxal para as ciências que examinam o ser humano em sua existência concreta e em sua vivência. As questões do ser humano no trabalho e da fala do ser humano para nomear o seu desejo e construir seu universo imaginário e simbólico foram introduzidas pelas ciências humanas ao longo do século XIX.

Desde então, como compreender que a modernidade pudesse, ao mesmo tempo, considerar o homem na superação da segmentação de suas funções biológicas e psicológicas, vinculando-o a uma história que ele produz, mas que o transcende, inscrevendo-o como figura que constrói o mundo e, paralelamente, anunciar a morte do homem? Esse aparente paradoxo pode ter dois tipos de explicação.

A primeira é que o pensamento contemporâneo, ao fazer da linguagem, portanto, da cultura, o espaço no qual se desdobra a natureza humana, efetivou, como o desenvolve Foucault em *As palavras e as coisas*, uma ruptura radical a respeito do pensamento clássico. A outra razão do desaparecimento do Homem, contida na sua natureza humana, é resultado da ambição e da ilusão parcial de saberes que, ao estilo de Augusto Comte e Émile Durkheim, fundaram a sua legitimidade sobre a observação de fenômenos sociais e culturais que conduziam à adequação da verdade do discurso e do objeto. As ciências humanas reivindicam a sua positividade e a objetividade do conhecimento se despojando dos pressupostos metafísicos ou especulativos. Essa exclusão produziu conhecimentos, é claro, mas da mesma forma desembocou numa segmentação dos pontos de vista teóricos (psicológico, sociológico, econômico, cultural) e, consequentemente, fragmentou a ideia do homem na mesma quantidade de partes, configurando incorretamente a perspectiva da unidade das ciências humanas. Tal exclusão mascarou igualmente os pressupostos implícitos que marcavam cada uma das teorias particulares.

Essas breves observações não são nem uma digressão nem uma referência forçada relativa à questão da identidade do ser humano. Elas são fundamentais para apontar os perigos de um pensamento que teria esquecido de refletir sobre ele mesmo e que abandonaria a necessidade de fundamentar filosoficamente a possibilidade do seu saber. Em nenhum lugar, mais do que na análise cultural e comunicacional, esse esquecimento correria o risco de conduzir ao empirismo e a uma pretensa objetividade que excluiria justamente o próprio objeto de sua reflexão: a linguagem humana. Não se trata de procurar uma teoria unitária que pudesse cobrir as rupturas e fornecer um modelo explicativo comum para as produções intelectuais e espirituais. A empreitada é mais delicada do que parece, pois ela precisa ser retomada a cada novo ganho teórico, e consiste em conservar para a cultura a proble-

Cultura e comunicação

mática do Outro e do Mesmo; e para a comunicação, a de uma busca do sentido irredutível ao conceito, à verdade e à codificação.

No caso da problemática do Outro e do Mesmo, ela se justifica porque qualquer antropologia cultural implica três variações dessa declinação:

- aquela que, para além das diferenças culturais, definidas no espaço e no tempo, apreende uma dimensão comum do ser humano;
- aquela que discerne na sombra das condutas humanas e na patologia dos comportamentos do outro qualquer que seja a norma que o designe como tal, o que continua a ser da ordem do humano;
- aquela que reconhece nas manifestações estéticas e nas linguagens a participação, ao mesmo tempo, de uma expressão singular do indivíduo e de uma determinada cultura.

No caso da problemática do sentido da comunicação, já não cabe mais insistir na chave da explicação pelo conceito e pelo código. Isso porque toda comunicação é, pelo viés de uma mediação linguística ou não linguística, em última instância, uma relação entre sujeitos. Ela está submetida, é certo, à compreensão mútua, mas visa igualmente a uma intencionalidade que não pode se dizer ou se satisfazer somente na transmissão de uma informação, na interação ou no contato. Tanto na arte como na atividade comunicacional, a procura pelo sentido ultrapassa o "querer dizer", uma vez que o discurso jamais se limita a uma representação mimética daquilo que ele intenciona dizer.

Os limites do funcionalismo na reflexão sobre as relações entre a linguagem e a cultura devem ser procurados em uma concepção implícita do sujeito humano que o reduz a um ser de necessidades, um ser racional que se realiza na finalidade de seus interesses, um ser que pode se revelar a si mesmo e ao outro na comunicação. Assim, a antropologia funcionalista submete a cultura à realização das necessidades do ser humano tal como elas se manifestam em um lugar social e um tempo histórico; a linguística estrutural, com Saussure e a Escola de Praga, examina a relação entre fala e língua na operação de intercâmbio e de comunicação; a antropologia estrutural faz da cultura uma totalidade que se manifesta em formas de relação e de discurso que escapam à intencionalidade e à atividade do homem.

129

Não deveríamos, no entanto, escapar de uma visão instrumental da linguagem, que faz dela mesma o meio de comunicação de um pensamento? Essa concepção é formulada geralmente em um esquema ternário: o veículo da comunicação é a palavra, seu objeto é a coisa e seu destinatário, o ser humano. Nessa perspectiva, a linguagem não faria nada além de dar conta de conteúdos de pensamento sobre as coisas. Mas como o ser humano comunica o que ele é, o que procura, o que sente?

Em um artigo que data de 1916, "Sobre a linguagem em geral e sobre a linguagem humana", Walter Benjamin, um dos pensadores mais originais da primeira metade do século XX, cuja obra está toda obcecada e atravessada pela questão da linguagem, descentraliza a problemática comum. "O que a linguagem comunica?" Quando em referência ao ser humano, a questão se torna "Como o ser humano *se* comunica?" E tal pergunta pressupõe outra: "Qual é a natureza desse *se*?" Para Benjamin, trata-se da "essência espiritual do homem" e o homem comunica essa essência não *pela* linguagem, mas *na* linguagem ["*non par* le *langage mais* dans *le langage*"]. Benjamin distingue, portanto, a comunicação instrumental, a que intervém quando o ser humano comunica alguma coisa a outros seres humanos e o faz pelas palavras que servem para designar as coisas, de uma comunicação que nós poderíamos chamar de primeira. Nessa comunicação, "a linguagem se comunica ela mesma", ou seja, ela é o meio [*médium*] no sentido mais puro do termo.

O pensamento de Benjamin é inovador. Sua originalidade profunda reside na consideração de que a linguagem é criadora. A linguagem em si mesma não é somente a comunicação do comunicável, mas "ao mesmo tempo símbolo do não comunicável". A linguagem comunica como meio [*médium*]. É uma curiosa antecipação dos temas desenvolvidos mais tarde por McLuhan, das perspectivas traçadas por Benveniste para fundamentar uma semiologia da enunciação, ou ainda das reflexões sobre a eficácia da palavra realizadas por Ricoeur.

Nesse sentido, podemos considerar que a linguagem em sua expressividade, que a libera de qualquer concepção mimética e de qualquer significação preexistente, pode ser considerada fundadora do sentido e da cultura. E se a arte pode ser apreendida como uma linguagem, ela o é menos no seu funcionamento, que não está no nível da língua, do que na sua capacidade de comunicar, o que está no nível da experiência humana.

Referências bibliográficas

ADORNO, T. W. *Théorie esthétique*. Paris: Klincksieck, 1974. [Ed. Port.: *Teoria estética*. Porto: Edições 70, 2013.]

ARENDT, H. *Condition de l'homme modern*. Paris: Calmann-Lévy, 1983. [Ed. Bras.: *A condição humana*. 5.ed. Rio de Janeiro: Forense Universitária, 1991.]

_____. *La Crise de la culture*. Paris: Gallimard, 1972. [Ed. Bras.: A crise da cultura: sua importância social e política. In: _____. *Entre o passado e o futuro*. São Paulo: Nova Perspectiva, 1992.]

ARTAUD, A. *Théâtre et son double*. Paris: Gallimard, 1964.

BARTHES, R. Introduction à "Éléments de sémiologie". In: *L'aventure sémiologique*. Paris: Seuil, col. "Essais", 1985. [Ed. Bras.: *Elementos de semiologia*. São Paulo: Cultrix, 1977.]

BATESON, G. *Vers une écologie de l'esprit*. Paris: Seuil, 1977. v.1.

_____.; RUESCH, J. *Communication et société*. Paris: Seuil, 1988

BAUDRILLARD, J. *La Société de consommation*. Paris: Gallimard, 1970. [Ed. Port. : *A sociedade do consumo*. Porto : Edições 70, 2009.]

_____. *Pour une critique de l'économie politique du signe*. Paris: Gallimard, 1972. [Ed. Bras.: *Para uma crítica da economia política do signo*. São Paulo: Martins Fontes, 1972.]

BECK, U. *La Société du risque*. Paris: Flammarion, 2001.

BENJAMIN, W. *Oeuvres*: I–III. Paris: Gallimard, 2000.

BENVENISTE, É. *Problèmes de linguistique générale*. t.1. Paris: Gallimard, 1966a. [Ed. Bras.: *Problemas de linguística geral I*. Trad. Maria da Glória Novak e Maria Luisa Neri. Revisão: Isaac Nicolau Salum. 5.ed. Campinas: Pontes Editores, 2005.]

BENVENISTE, É. *Problèmes de linguistique générale.* t.2. Paris: Gallimard, 1966b. [Ed. Bras.: *Problemas de Linguística Geral II.* 2.ed. Campinas: Pontes Editores, 2006.]

BOUQUILLON, P. Le spectacle vivant: de l'economie administrée à la marchandisation. In: _____. *Science de la société,* n.26. Toulouse, 1992.

BOURDIEU, P. *Ce que parler veut dire.* Paris: Fayard, 1982. [Ed. Bras.: A economia das trocas linguísticas. In: ORTIZ, R. (org.). *Pierre Bourdieu:* sociologia. São Paulo: Ática, 1994, p.156-183.]

_____. *Réponses.* Paris: Seuil, 1992.

BRETON, P.; RIEU, A.-M.; TINLAND, F. *La Technoscience en question: éléments pour une archeology du XXe siècle.* Seyssel: Champ Vallon, 1990.

BUYSSENS, E. La communication et l'articulation linguistique. In: _____. *Travaux de la Faculté de Philosophie et Lettres.* v.31. Bruxelas: PUB; Paris: Presses Universitaires de France, 1967.

CAILLET, E. *À L'Approche du musée, la médiation culturelle.* Lyon: PUL, 1995.

CALLON, M. *La Science et ses reseaux: genèse et circulation des faits scientiefiques.* Paris: La Découverte, 1989.

_____.; LASCOUMES, P.; BARTHE, Y. *Agir dans un monde incertain*: essai sur la démocratie technicienne. Paris: Seuil, 2001.

CAREY, J.-A. *Communication as culture.* New York-London: Routledge, 1989.

CASSIRER, E. *Philosophie des formes symboliques.* Paris: Éditions de minuit, 1972.

CAUNE, J. *La Dramatisation: une méthode et des techniques d'expression et de communication par le corps.* Louvain-la-neuve: Cahiers Théatre Louvain, 1981.

_____. *Esthétique de la communication.* Paris: Presses Universitaires de France, 1997.

_____. *La Culture en action: de Vilar à Lang, le sens perdu.* Grenoble: PUG, 1999a.

_____. *Pour une éthique de la médiation: le sens des pratiques culturelles.* Grenoble: PUG, 1999b.

CERTEAU, M. de. *La culture au pluriel.* Paris: Christian Bourgois, 1980.

_____. *L'Invention du Quotidien,* t.1, Arts de faire. Paris: UGE, 10/18, 1980. [Ed. Bras.: *A invenção do cotidiano 1*: artes de fazer. Trad. Ephraim Ferreira Alves. 20.ed. Petrópolis: Vozes, 2013.]

CROZIER, M.; FRIEDBERG, E. *L'Acteur et Le Système: les contraintes de l'action collective*. Paris: Seuil, 1977.

DANTO, A. *L'Art contemporain et la clôture de l'histoire*. Paris: Seuil, 2000

DAVALLON, J. *L'Exposition à l'oevre: stratégie de communication et médiation symbolique*. Paris: L'Harmattan, 2000.

DEBRAY, R. *Transmettre*. Paris: Odile Jacob, 1997

_____. *Manifestes médiologiques*. Paris: Gallimard, 1994.

DÉOTTE, J.-L. *Le Musée: l'origine de l'esthétique*. Paris: L'Harmattan, 1993.

DEWEY, J. *Democracy and education*. New York: Macmillan, 1916.

_____. *Intelligence in the modern world*. New York: Modern Library, 1939.

DUCHAMP, M. *Duchampdu signe*. Paris: Flammarion, 1994.

DUFRÊNE, B. *La Création de Beaubourg*. Grenoble: PUG, 2000.

DUFRENNE, M. *Phénoménologie de l'experience esthétique*. Paris: Presses Universitaires de France, 1992. v.1-2.

DUCHAMEL, J. L'ère de la culture. In: _____. *Discours et écrit*. Paris: Ministère de la Culture, Comitè d'histoire, 1999.

DURAND, G. *L'Imagination symbolique*. Paris: PUF, Quadrige, 1989. [Ed. Bras.: *A imaginação simbólica*. Trad. Carlos Aboim de Brito. Lisboa: Edições 70, 1995.]

DUVE, T. de. *Résonances du readymade*. Paris: Éditions Jacqueline Chambom, 1989.

ECO, U. *La Structure absente*: introduction à la recherche sémiotique. Paris: Mercure de France, 1972. [Ed. Bras.: *A estrutura ausente*: introdução à pesquisa semiológica. São Paulo: Perspectiva, 1987.]

ETCHEGOYEN, A. *Les Entreprises ont-elles une âme*. Paris: François Bourin, 1990.

FLICHY, P. *L'Innovation technique*. Paris: La Découverte, 1995.

_____. *Les Industries de l'imaginaire*: pour une analyse économique des médias. Grenoble: PUG, 1991.

FOUCAULT, M. *L'Archéologie du savoir*. Paris: Gallimard, 1969. [Ed. Bras.: *A arqueologia do saber*. Trad. Luiz Felipe Baeta Neves. Rio de Janeiro: Forense Universitária, 1987.]

_____. *Les Mots et Les Choses*, Paris, Gallimard, 1966. [Ed. Bras.: *As palavras e as coisas*: uma arqueologia das ciências humanas. Trad. Salma Tannus Muchail. São Paulo: Martins Fontes, 2007.]

FRANCASTEL, P. *Études de sociologie de l'art.* Paris: Denoël-Gonthier, col. "Médiations", 1970. [Ed. Bras.: *A realidade figurativa.* São Paulo: Perspectiva, Edusp, 1993.]

FUKUYAMA, F. *La fin de l'homme: les conséquences de la révolution biotechnique.* Paris: La Table Ronde, 2002.

GADAMER, H.-G. *Vérité et méthode.* Paris: Seuil, 1996. [Ed. Bras.: *Verdade e método.* Petrópolis: Vozes, 1997.]

GIL, D. *Bachelard et la culture scientifique.* Paris: Presses Universitaires de France, 1993.

GOFFMAN, E. *La Mise en Scène de la vie quotidienne.* Paris: Éditions de Minuit, 1973. v.1-2. [Ed. Bras.: *A representação do eu na vida cotidiana.* Trad. Maria Célia Santos Raposo. 19.ed. Petrópolis: Vozes, 2013.]
_____. *Les Rites d'interaction.* Paris: Éditions de Minut, 1974.

GOODY, J. *La Raison graphique: la domestication de la pensée sauvage.* Paris: Éditions de Minut, 1979.

GREENBERG, C. *Art et culture.* Paris: Macula, 1988.

HABERMAS, J. *La Technique et la science comme idéologie.* Paris: Gallimard, 1973 [Ed. Port.: *Técnica e ciência como ideologia.* Trad. Artur Mourão. Lisboa: Edições 70, 1968.]
_____. *L'Espace public*: archéologie de la publicité comme dimension constitutive de la société burgeoise. Paris: Payot, 1978. [Ed. Bras.: *Mudança estrutural da esfera pública.* Trad. Denilson Werle. São Paulo: Editora Unesp, 2014.]

HALL, E.-T. *La dimension cachée.* Paris: Seuil, 1971.
_____. *Le langage silencieux.* Paris: Seuil, 1984.
_____. *Au-delà de la culture.* Paris: Seuil, 1987.

HENNION, A. *Les professionnels du disque: une sociologie des variétés.* Paris: A.-M. Métaillé, 1981.

HOTTOIS, G. *Philosophies des sciences: philosophie des techniques.* Paris: Odile Jacob, 2004.

HUET, A. et al. *Capitalisme et industrie culturelles.* Grenoble: PUG, 1978.

JACOBI, D.; SCHIELE, B. *Vulgariser la science: les process de l'ignorance.* Seyssel: Champ Vallon, 1988.

JAKOBSON, R. *Essais de linguistique générale.* Paris: Éditions de Minuit, 1973. v.1.

KARDINER, A. *L'individu dans as société: essais d'anthropologie psychanalytique.* Paris: Gallimard, 1969.

KLEIN, E. *La Science nous menace-t-elle?* Paris: Le Pommier, 2004.

KUHN, T. S. *La Structure des révolutions scientifiques*. Paris: Flammarion, 1970. [Ed. Bras.: *A estrutura das revoluções científicas*. São Paulo: Perspectiva, 2000.]

LAMIZET, B. *La médiation culturelle*. Paris: L'Harmattan, 1999.

LATOUR, B. *Aramis ou l'amour des techniques*. Paris: La Découverte, 1992.

_____. *La Science em action*. Paris: La Découverte, 1995.

LÉVY, P. *La Machine univers*: création, cognition et culture informatique. Paris: La Découverte, 1987.

LÉVY-LEBLOND, J.-M. *L'Esprit de sel: science, culture, politique*. Paris: Fayard, 1981.

_____.; JAUBERT, A. *(Auto)critique de la science*. Paris: Seuil, 1975.

LÉVI-STRAUSS, C. *La pensée sauvage*. Paris: Plon, 1962.

_____. *Anthropologie structurale*. Paris: Plon, 1958. [Ed. Bras.: *Antropologia estrutural*. Rio de Janeiro: Tempo Brasileiro, 1989.]

LINTON, R. *Le Fondement culturel de la personnalité*. Paris: Dunod, 1986.

MALINOWSKI, B. *Une Théorie scientifique de la culture*. Paris: Maspero, 1968. [Ed. Bras.: *Uma teoria científica da cultura*. 2.ed. Rio de Janeiro: Zahar Editores, 1970.]

MARCUSE, H. *L'Homme unidimensionnel: essai sur l'ideologie de la société industrielle avancée*. Paris: Éditions de Minuit, 1968.

MATTELART, A. La communication contre la culture: art et argent, histoire d'une sumission. *Le Monde Diplomatique*. Paris, 4 set. 2001.

_____; STOURDZÉ, Y. *Technologie, culture et communication: rapport au ministre de la Recherche et de l'Industrie*. Paris: La Documentation française, 1982.

MAUSS, M. *Sociologie et anthropologie*. Paris: Presses Universitaires de France, 1973.

McLUHAN, M. *La Galaxie Gutenberg*. Paris: Gallimard, 1977. [Ed. Bras.: *A galáxia de Gutenberg:* a formação do homem tipográfico. Trad. Leônidas G. de Carvalho e Anísio Teixeira. São Paulo: Cia. Editora Nacional, 1977.]

MEAD, G. H. *L'Esprit, le soi et la société*. Paris: Presses Universitaires de France, 1963.

MIÈGE, B. *La société conquise par la communication*. Grenoble: PUG, 1997.

_____. *Les Industries du contenu face à l'ordre informationnel*. Grenoble: PUG, 2000.

Jean Caune

MOEGLIN, P. *L'Industrialisation de la formation: état de la question.* Paris: CNDP, 1998,

MOLES, A.; OULIF, J.-M. Le troisième homme, vulgarisation scientifique et radio. *Diogène*, n.58, 1967.

MORIN, E. De la culturanalyse à la politique culturelle. *Communications*, n.14, La politique culturelle. Paris: Seuil, 1969, p.5-38. Republicado em *Sociologie*. Paris: Fayard, 1984.

MOUNIN, G. Sémiologie de la communication et sémiologies de la signification. In: _____. *Introduction à la semiologie*. Paris: Éditions de Minuit, 1970.

NORA, S.; MINC, A. *L'Informatisation de la société*. Paris: La Documentation française – Le Seuil, 1978.

PAILLIART, I. *Les Territoires de la communication*. Grenoble: PUG, 1993.

_____. *L'Espace public et l'emprise de la communication*. Grenoble: Ellug, 1995.

_____. *La Publicisation de la science: exposer, communiquer, débattre, publier, vulgariser*. Grenoble: PUG, 2005.

PATRIAT, C. *La Culture, um besoin d'État*. Paris: Hachette Littératures, 1998.

PRIETO, L. J. *Pertinence et pratique*. Paris: Éditions Minuit, 1975

QUÉRÉ, L. Les Boîtes noires de Bruno Latour ou le bien social dans la machine. *Réseaux*, n.36, jun. 1989.

RICOEUR, P. *De l'interprétation: essai sur Freud*. Paris: Seuil, 1965.

_____. *Temps et récit 1*. Paris: Seuil, 1983.

_____. *Du texte à l'action: essais d'herméneutique II*. Paris: Seuil, 1986 [Ed. Bras.: *Do texto à acção:* ensaios de hermenêutica II. Porto: Rés Editora (s.d.)]

SANSAULIEU, R. *Sociologie de l'organisation et de l'entreprise*. Paris: Dalloz, 1987.

SAPIR, E. *Anthropologie*. Paris: Édition de Minuit, 1967.

SAUSSURE, F. de. *Cours de linguistique générale. Paris: Payot, 1974 [Ed. Bras.: Curso de linguística geral.* 30.ed. São Paulo: Cultrix, 2002].

SCHAEFFER, J.-M. *Le Célibataires de l'art*. Paris: Gallimard, 1996.

_____. *Adieu à l'esthétique*. Paris: Presses Universitaires de France, 2000

SFEZ, L. *Critique de la communication*. Paris: Seuil, 1988.

_____. *Res publica et culture*. Montreuil: Direction régionale des affaires culturelles, 1993.

SFEZ, L.; COULTÉE, G. *Technologies et symboliques de la communication*. Grenoble: PUG, 1990.

SIMMEL, G. *La Tragédie de la culture et autres essais*. Paris: Petite Bibliothèque rivages, 1988.

SNOW, C. P. *Les Deux Cultures*. Paris: J.-J. Pauvert, 1968.

TARDE, G. *Logique sociale*. Paris: Félix Alcan, 1895.

TURNER, V. *From Ritual to Theater*. New York: PAJ Publications, 1982.

TYLOR, E. B. *Primitive Culture*. London: J. Murray, 1871.

VACHETTE, J.-L. Peut-on mettre en évidence la culture d'entreprise. *Revue française de gestion*. Paris: n.47-48, 1984.

VANDIEDONCK, D. *Qu'est-ce qui fait tourner le disque classique?* Ville-neuve-d'asq: Septentrion, 1999.

VERON, E. *Sémiosis sociale*. Paris: PUV, 1987.

WIENER, N. *Cybernétique et société*. Paris: Deux-rives, 1952.

Índice onomástico

A

Adorno, 16, 110
Arendt, 44, 48-50, 74, 120
Artaud, 51

B

Bachelard, 102
Barthes, 26-7, 66-9, 114
Bateson, X, 34-5
Baudrillard, 23, 69
Benedict, 40
Benjamin, 130
Benveniste, 24-5, 32, 71, 88, 130
Bouquillon, 16
Bourdieu, 31, 49, 90
Brecht, 113
Buyssens, 66

C

Caillet, 17
Callon, 15, 106
Carey, X, 35
Cassirer, 11, 29, 71-2

Certeau, 52, 74-5
Comte, 40, 112, 128
Cooley, 37
Courbet, 113
Crozier, 34

D

Danto, 121
Davallon, X, 104
David, 113
De Duve, 122
Debray, XI, 38
Déotte, 17
Dewey, X, 37
Dilthey, 37, 60
Duchamp, 122-3
Dufrêne, 17
Dufrenne, 125
Durand, 72
Durkheim, 40, 54, 56, 113, 128

E

Eco, 67, 74

F

Flichy, 15-6
Foucault, 1, 9, 74
Francastel, 117
Freud, 44

G

Gadamer, 36, 105
Géricault, 113
Goffman, 37, 47, 56
Goody, 14, 32, 63-4, 70

H

Habermas, VII, 93, 96
Hall, 84, 86
Heisenberg, 93
Hennion, 16
Horkheimer, 16
Hottois, 93
Huxley, 96

J

Jacobi, 98, 104
Jakobson, 114, 117-8

K

Kant, 5, 36, 42
Kardiner, 43-4, 46
Klein, 92
Kluckhohn, 29
Kuhn, 100

L

Lacan, 27
Lalande, 72
Lalo, 113
Lamizet, XI
Lascoumes, 106
Latour, 15, 93

Leroi-Gourhan, 45
Lévinas, 74
Lévi-Strauss, 12, 23, 26, 115
Lévy, 8
Lévy-Leblond, 97, 100
Lewin, 48
Linton, 29, 41, 43, 46

M

Maïakovski, 113
Malinovski, 119
Malinowski, 28, 42-3, 81
Malraux, 114-5
Marcuse, 8, 80
Matisse, 117
Mattelart, 14-5
Mauss, IX, 40-1, 54
Mc Luhan, 14, 31-2, 70, 130
Mead, 29, 37, 41, 55-6
Metz, 27, 114
Miège, 16
Minc, 10
Moeglin, 17
Moles, 98
Morin, 82-3
Mounin, 65
Musil, 51

N

Nora, 10

O

Oulif, 98

P

Pailliart, 18-9, 101
Panofsky, 11
Park, 37
Peirce, 65
Pierce, 67

Platão, 112
Prieto, 66

Q
Quéré, 15

R
Ricoeur, XI, 36-7, 61-2, 72, 74, 87-8, 130
Rieu, 97

S
Sapir, 24, 28, 45, 54, 78-9
Saussure, 22-3, 26, 28, 30, 65-6, 129
Schaeffer, 123
Schiele, 98
Schönberg, 111
Sfez, 11-2
Simmel, 51, 56

Snow, 95
Stourdzé, 15

T
Tarde, 34, 113
Todorov, 27
Turner, X, 36
Tylor, 27

V
Valéry, 111
Vandiedonck, 17
Veron, 69

W
Wagner, 109
Watzlawick, 63
Weber, 88
Wiener, 13

Índice remissivo

A
Ação cultural, 97-8
Artística/o
  criação, 16, 116
  enunciação, 116
  mediação, 124
  objeto, 125
  obra, 121
  processo, 115
  realização, 115

B
Behaviorismo, 55

C
Cibernética, 13
Comunicação de massa, 7

D
Democratização cultural, 8, 13
Design, 119

E
Enunciação, 12, 17, 31, 33, 89, 104, 118, 122

Episteme, 11
Espaço público, 13, 18, 74
Estética, 61, 124
  abordagem, 125
  atenção, 123
  experiência, 125
  fenômeno, 67
  mediação, 123-4

F
Forma, 48, 63

G
Gestalt, 48, 63

H
Habitus, 90
Hermenêutica, 62

L
Linguística, 22, 24, 26, 31-2, 61
  comunicação, 23
  fenômeno, 26
  signo, 29-31

Jean Caune

M

Massa
  comunicação, 49
  consumo, 8
  mídia, 10
  produção, 48
  sociedade, 49
  telecomunicação, 8
Mediologia, 38
Mídias, 35
  de massa, 42, 48

N

Nanociência, 106
NTIC, 13

P

Palo Alto, 34, 46, 63
Pós-modernidade, 121
Pragmatismo, 34, 61
Psicanálise, 43, 54-5, 60-1, 63, 72

S

Semântica, 33, 44
Semiologia, 26, 32, 60, 65, 67
Semiológico, 30
Semiosis, 65, 68
Semiótica, 33, 44, 62, 67-9 85, 87, 89, 112

SIC, IX, 2, 14, 16, 18
Signo, 29, 64
  cultural, 31
Simbólico, 72
  animal, 29
  correspondência, 72
  estruturação, 41
  faculdade, 24
  forma, 11, 14
  função, 24, 29, 71
  imaginação, 72
  manifestação, 53, 61
  ordem, 13
  processo, 35
  revolução, 52
  sistema, 21
  valor, 69

T

Técnicas de convergência, 14
Tecnologias
  convergência, 2
  de comunicação, 13
  do espírito, 32
  novas, 15
Tecnológica\o
  dispositivo, 18
  oferta, 17
Telemática, 10

SOBRE O LIVRO

Formato: 14 x 21 cm
Mancha: 25,5 x 41,0 paicas
Tipologia: Times New Roman 10/13,5/110%
Papel: Pólen Soft 80 g/m² (miolo)
Cartão Supremo 250 g/m² (capa)
1ª edição: 2014

EQUIPE DE REALIZAÇÃO

Capa
Tatiana Josefovich

Edição de texto
Luís Brasilino (Copidesque)
Camilla Bazzoni de Medeiros (Revisão)

Editoração Eletrônica
Eduardo Seiji Seki

Assistência Editorial
Alberto Bononi